# パリのしあわせスープ
# 私のフランス物語

上野万梨子

カバー絵画　濱田亨

作品名　T-16-24
サイズ　130×130cm
技　法　紙にミクストメディア／キャンバス
制作年　2016

# パリのしあわせスープ
# 私のフランス物語

思い出の扉を開けると目に飛び込んでくる、コクリコの原。2020年初夏、パリの西60㎞にあるSaint Lubin de la Hayeサン・リュバン・ド・ラ・エの、慎ましくも美しい教会の近くで。陽の光にかざすと向こうが透けて見えるほどに薄く華奢な花びらは、私が大好きな色。この本の装丁の帯に選ばれた色の名は、奇しくもコクリコ。漢字で「雛罌粟」と書く、あの日の花である。

# 古本に挟まれた置き土産

古い料理書を買う楽しみに、前の所有者の置き土産発見がある。ある時は八百屋のものらしい粗末なザラ紙をカットしたメモ用紙に書かれた買い物リスト。癖のある手書き文字だから読み取るには想像力を要する。

なになに？　玉葱1リーヴル、読み取れない何かが½リーヴル？　挟んであったページのレシピと照らし合わせて判読してみる。面白いことにレシピ表記はすでにグラムなのにメモはリーヴル。リーヴルはフランス革命以前の通貨の単位で、同時に重量の単位でもあって、1リーヴルは0・5kg。英国の通貨単位ポンドが重量の単位でもあるのと同じことだ。そういえば私の留学時代の1975年当時、マルシェで買い物するのにリーヴルを使うこともあったと思い出す。魚屋でムール貝を買うとアルミのカンカラでザクッとすくってくれたもの一杯が、ちょうど1リーヴルとされていて、貝はグラムではなく旧単位で買った。通貨がリーヴルからフランになってその時点で2世紀近くも、重量の単位としてのリーヴルはフランス人の暮らしの中にまだ生き続けていたのだ。

マドレーヌ寺院近くにあったデパート「オゥ・トロワ・カルチエ」や、古《いにしえ》のエピスリー「フェリックス・ポタン」のロゴ入りの紙に書かれたメモも、その頃を知る私には掘り出しものだ。

こうした古本の置き土産はメモばかりではない。1950年初版の『ガスで料理』という本には折りたたまれたアルミホイルが。この時代にはまだ貴重品で、使い捨てせずにとっておいたのだろうか。50年代風デザインのマギーブイヨンの空き袋を見つけた時には、もしかして匂いが残っているかしらと、思わず鼻を近づけてしまったものだ。大鍋に残った美味なるポトフのブイヨンを、工夫して色々な料理に使い回してきたフランスの家庭婦人。はじめてインスタントを使って料理した時には何を思ったのだろう。

と、こんなふうに、きっかけは古本の置き土産に限らず、過去と今を行き来する瞬間がたびたび訪れて、目に見えないドアを抜けてふらっと時間旅行に誘い出されるのがパリの暮らし。気づくと片足のかかとはいつも過去にあって、うっかりするとそっちの方に足を引っ張られる。どこに連れてゆかれるのかもわからず、だから目的地は知れず。意味があるような無いような、意味が無いようであるような、これが私のパリ時間の過ごし方。

プロヴァンスのブロカント市（古物商）で手に入れた食器戸棚にしまっている古本たち。写真で開いているのは前の持ち主のメモ書きが挟まっていた『ガスで料理』。新しい時代に暮らそう、というページで始まる『電気で料理』の背表紙は布で、初版は1948年。

# パリのしあわせスープ
# 私のフランス物語

目次

## 5章　キッチンの裏窓から　175

人生の歌が聞こえる
パリ・アパルトマン暮らし



## 6章　パリのしっぽ　205

役者が揃った街で生き生きと暮らす

〝残りものには福あり〟の実だくさん野菜スープは家庭料理ならではのもの。冷蔵庫整理を兼ねて、端から刻んで、野菜がしっとりするまで十分に炒めてから水を加えるのが美味しさの秘訣。ありあわせ野菜の中にひとつでも季節のものをと、この日はサヤ付きインゲン豆を加えて。

# 1章　たんぽぽの綿毛

## マリコちゃん、料理の先生になる

# たんぽぽの綿毛

窓際の漆喰壁に映る陽の光のゆらめきとバルコンの手すりの影。長い冬の間、光よ光よと待ち望み続けて迎えたある朝、春はいつもこんなふうに前ぶれもなく天からキラキラと舞い降りてくる。

外に出ると、街路樹の根元に伸びた雑草の緑とたんぽぽの黄色が鮮やかに目に飛び込んできた。冬の間よく雨が降ったからか、野草がこんなにみずみずしく見えるのははじめてのような気がした。それにパリでこんなにたくさんのたんぽぽの花も。そしてたんぽぽといえばと、私は久しぶりに祖母のことを思い出していた。

私の父方の祖母は、祖父とはふた回りは歳の差がある後妻さんだった。シャキシャキとして凛々しくおしゃれ好きな明治の女性で、私はそんな彼女に幼心にも強く惹かれ憧れていた。血のつながりはない私たち孫のこともずいぶんと気にかけてくれて、私がまだ幼稚園児だった時に私の何を見抜いたのか、この子には自由学園が向いていると言って入学を勧めたのは祖母だったそうだ。祖父が他界して一人になった祖母はやがて引っ越すことになるのだが、その時私にと言って母に託してくれたのが1938年版の『ラルース小事典』だった。私がまだ13か14歳の頃のことである。

その辞書 Petit Larousse Illustré の表紙にはたんぽぽの綿毛をふぅ〜と吹く若い女性の横顔が描かれていた。開くと見返しには一面たんぽぽの絵で、そこにはレトロな三越のシールが貼られていた。そしてカバーを外した本体表紙にも綿毛を吹く女性の絵。その時にはわからなかったが、その絵が意味することにようやく気づいたのは、それから何十年もあとのことだった。

歳は離れていたが祖父母は仲がよく、祖母はよく尽くしていたようだ。木造の家の中で寝室だけは防火づくりというのも珍しいことだと思うが、震災や空襲の経験があったからだろう。まだ小さな私をワクワクさせたのはその寝室の奥にあった小部屋だ。祖母が着替えや化粧をするところで、彼女はそこを〝ブードワ〟と呼んでいた。母は「ブードワなんて言っていたの、私は聞いたことがない」というのだけれど、私は不思議なことにそう聞いた覚えが確かにあるのだ。いや、正確には、私はプードワとずっと思っていたのだが、だいぶ経ってから、Boudoir がフランス語で女性の居室を意味すると知り、あぁ、あれはプではなく、ブードワだったのだと気づいた。

その小部屋には何かあった時に避難する目的のような不思議なつくりの窓があり、そこを出たところの裏庭には鉄棒があって、祖母は深緑色のサブリナパンツを穿いてよくそこにぶら下がっていたものだ。そんな彼女はテレビの体操番組がそれはお気に入りで、出演

布表紙の美しい辞書『ヌーヴォー・プチ・ラルース』。見返しもたんぽぽの絵で PRIX:45fr と価格が書かれた小さなシールが貼られたまま。家族写真の前列左が祖母・喜久子、その隣には5歳の私と弟、後列は母、年長の従姉妹。皆が緊張気味の中で祖母は一人微笑んでいる。

者募集と知って勝手に応募し、母と弟と私は付き合わされて出演した。その祖母が何故フランス語に興味を抱いたのか不思議なのだけれど、彼女はＮＨＫテレビフランス語講座の熱心な視聴者でもあった。生前、祖母は母によく言っていたそうだ。フランスに行きたいけれど飛行機は怖くて乗れないと。三越の洋書売り場でこの辞書に出合った彼女はいったい何を夢見ていたのだろうか。

「そうか、たんぽぽの綿毛って、知識のことだったのね！」

ようやくそこにたどり着いたのはいったいいつのことだったろうか。

風に乗った綿毛は遠くに飛んでそこで根付き、芽を出し、また花を咲かせ、綿毛となってまた別の場所に根付く。知識はこうして伝え伝えてゆくもの。そしてたんぽぽのように地に深く根をおろす、ということだったのだ。

綿毛を吹く女性の背景にエキゾチックな日本の影響も見えるアール・ヌーヴォー期のこの表紙画は《Semeuse スムーズ種まき》というタイトルで、19世紀後半から20世紀にかけて活躍した装飾芸術家ウジェーヌ・グラッセの作品だという。祖母がこの絵が意味することを知っていたかどうかはわからないけれど、この一冊の美しい辞書に導かれるように今の私があるのは不思議なことである。

# 匂いの記憶

駒込の六義園裏手にあった幼稚園に通っていた私が、祖母に勧められて当時の西武池袋線田無町、今のひばりヶ丘にある自由学園を見学しに行ったのは5歳の時のことだった。結局これが運命の分かれ道。後日、家から都電で数駅のところにあった学芸大学附属小学校の入学試験を受けて一次に通過し、次のガラガラポンのくじでは赤い玉を出して運よく入学メデタシとなった時、私は何故か浮かぬ顔で、「どうしても自由学園にゆきたい、遠くたってだいじょうぶ、ワタシはあの学校に通いたい」と強く希望したのだという。

家から片道50分かかるのだから、幼い子にはあまりにも遠い。そこに通わせることに親としては躊躇があっただろうけれど、結局私は自由学園初等部の入学試験を受けさせてもらえることになった。せっかく入学許可をいただいたのに大変申し訳ないと、受かった小学校の校長先生に母と二人で謝りに行った時のことは忘れられない。あとから思うと、幼い娘の進路は親が決めてもよかったと思うし、入学を辞退しに行くのは親だけで足りた気もするのだ。それでも母が私を連れて行ったのは、キリッと言い出したら聞かない私にもきちんとケジメをつけさせるつもりがあったのかもしれない。

自由学園の入学試験ではよほど真剣だったのか、どの教室でどんな試験をしたのか、また小さな応接室で親の付き添いなく面接を受けた時の情景、着ていた母手作りのボレロ付きワンピース、木彫りの犬の頭の持ち手がついた雨傘を置き忘れて帰ってしまったことなど、断片的ながらその日の記憶は鮮明だ。

そしてめでたく合格！　6歳にして勝ち取った感は半端ではなかったに違いない。

田無町の駅から線路沿いに歩き、途中から雑木林の脇を通って正門まで、子供の足で15分はかかる道のりだっただろうか。真冬にはザックリと盛り上がった霜柱を踏みしめて歩いた。近道したくて雑木林を斜めに歩いた男の子たちは、三角道はいけませんと先生に注意された。時にはざわざわっと林の中で何かが動く不穏な音にドキドキしながら学校への道を急いだものだった。

3万坪あるという敷地には、初等部から大学部までの校舎と親元を離れた地方生が寝泊まりする寮などが、武蔵野の野や丘の起伏を生かした風景に溶け込むように点在していた。生活の中にこそ学びがあるという考え方の学校だったから、用務員さんは全校で一人も雇わず、広大な敷地の清掃はもちろん、掃き集めた枯葉で堆肥を作るのも生徒たち。初等部と男子中高等部の昼食作りは母親の当番制だった。これが今なら仕事を持つ母親も多いからそうとばかりはいかないだろうし、代わって父親や男子生徒たちが料理しても不思議はないが、あの頃は自由学園といえども料理は女性がするものと考えられていたのだ。

そして女子中等部に上がると昼食は生徒自身がクラス順に担当し、中高短大の全生徒分を手作りした。食材の仕入れ、保存管理、カロリー計算をするのは食料部の先生方。料理当番の生徒たちはリヤカーにジャガイモやら何やら積んで、アップダウンのある校内をまさに腹筋に力を込めて調理室までの坂道を下ったものだった。

そのような環境で学んだ12年間のうち、私にとっての黄金期は何といっても初等部時代の6年間だ。そしてその頃の思い出といったら、それが匂いにまつわることが多いのは興味深い。

刈りとった芝に陽が当たって温まり、そこからムワッと立ち上る草の匂い。水を抜き、ヌルヌルして気持ちが悪い池の底をデッキブラシでゴシゴシした時の苔の匂い。ところどころささくれ立ってあぶない古い校舎の木の床を、気をつけながらワックスがけした時の匂い。美術室の床下にあった湿った粘土の匂い。久留米の山に植林した木材を使って、男子部に入学したばかりの男の子たちが自分たちの勉強机を作っていた木工所の木屑の匂い。防火水槽脇の生垣にからまったカラスウリが熟した臭い臭い匂い。職員室で売っていた学習ノートの中で、ひとつだけ再製紙を使った10円の自由帳独特の匂い。その部屋で6

年生の国語担当でもあった初等部長の先生が、宿題に心を込めたコメントを書いてくださる朱色の墨汁の匂い。そして、昼時にパン工場から漂う焼きたてのパンの幸せな匂い。

フランク・ロイド・ライトの弟子だった遠藤新による、自然環境に溶け込む有機建築として生まれた広大な学びの環境は、自然の匂いに満ち満ちていた。ここを出発点として今の私があることは間違いないだろう。建築は匂いの記憶にも深くつながるものだったのだ。

目で見たことは自分の手で描いて再現することができる。耳で聞いたことは自分の声や楽器で表現することも可能だ。でも匂いはいくらこうだったと伝えたくても、自分自身でその香りを立てることはできないものだ。それだけに人は匂いの記憶を頭の中に留めおこうとするのだろう。そう考えると料理の発想の多くが脳みそを舌にして香りの記憶から生まれるのは道理なことである。

## コンコンブル

私が生まれてはじめて覚えたフランス語は、メルシィでもボンジュールでも、ウィでもノンでもなく〝コンコンブル（胡瓜）〟。それは、初等部に入学して間もない6歳の時のことだ。

それが何かといえば、15㎝ほどの細長い棒乾パンのようなもので、表面に白ゴマを散らして胡瓜のようだったからこの名だったのだろう。街で売っているものではなく、当時通っていた自由学園のパン工場だけで作られていた。〝食育〟という言葉などまだない時代、そこでは創立以来一貫して教育の根幹に置くひとつが食で、どの学部も校舎の中心にあるのは食堂。そこで生徒たちが昼食に食べるパンは外から買うのではなく、校内で手作りしていた。それは今でいうバンズに似た丸いパンで、呼び名もそのまま〝丸パン〟。

食パンとか、その頃の給食では一般的だったコッペパンではなく、当時にしてあの丸い形のパンだったのは、食事パンとはこうありたいという創立者、羽仁もと子の思いがあってのことだろう。お昼時になると校内に漂うパンが焼ける幸せな匂いの記憶と共に、工場長のお名前はイチノセさんだったと、未だに忘れることができない教育の力には恐れ入る。

その工場では昼食用とは別に、販売用のパンも焼いていた。食パン、山型パン（イギリスパンのことだった）など、母親に頼まれた子は登校時に予約して下校時に引き取ることになっていたのだが、コンコンブルはその中のひとつだった。少し形が似ているイタリアのグリッシーニはクラッカーのような味わいの軽い食感だが、コンコンブルは噛みごたえ十分。食パンの耳をさらによく焼いたらこんな感じかという小麦粉の滋味深いものだった。
私の食べ方には二通りあり、ひとつは当たり前にガリッとかじって噛み砕き、それとは別の食べ方は、先っちょをしばらくくわえて唾液で柔らかくして、程よくなったところでちょっと食べ、これを繰り返すというものだった。

それにしても、何故これがコンコンブルという名前だったのだろう。フランスの胡瓜は太いところで直径4～5㎝、長さは30㎝にはなる大きなものだ。皮の表面はツルツルして、日本の胡瓜のようなツブツブはない。となるとどう考えてもこの原型がフランスにあったとは考えられず、日本オリジナルの胡瓜型棒乾パンと考えるのが妥当だ。だとしたら、何故それにわざわざ誰も知らないフランス語の名前を付けたのだろうか。パン工場ではコルネ型にパイ生地を巻きつけて焼き、中に生クリームを絞り込んだ、その当時では夢のようなクリームホーンという名前のお菓子を作っていたが、こちらは英語。となるとますます不思議なコンコンブルなのである。

# 銀座イエナ書店

十八歳から習いはじめた料理がきっかけで、フランスという国に憧れを感じるようになった。

恩師、飯田深雪先生の言葉。

「フランスは、北はベルギーからルクセンブルク、ドイツ、東はスイス、イタリア、南はスペイン、そして海を隔てて英国と国境を接する国です。フランス料理はそれらの国々の影響も受けて成り立ってきた歴史があります。そしてその国々は、また他の国々とも国境でつながっています。皆さま、フランス料理の発展にはそれら多くの国の影響があるのです。ですから、皆さま、フランス料理を学ぶということは、ヨーロッパの他の国々の料理を知ることにもなるのですよ」

パンパカパ〜ン！　とイケイケのラッパの音が聞こえてくるようなこの言葉は私を奮い立たせた。そうか、フランス料理を勉強すれば、ヨーロッパの他の国々の料理のエッセンスもついでに学べちゃうってことだ！　何と素晴らしい！

そこで私がしたことは、銀座で洋書を扱うイエナ書店に行き、フランスの雑誌『ELLE』を立ち読みすることだった。晴海通りを挟んで銀座和光の斜め向かい、すずらん通りと西五番通りの間にあった間口の狭い書店だった。入り口を入ってまっすぐ進んだ一番奥の狭い階段を上がると、すぐそこに洋雑誌売り場があった。一般の書店に比べて薄暗く、本の匂いもどこか違っただろう。客層ももちろん違う。時間をかけて立ち読みする人も少なくなかった。

『ELLE』の巻末にはミシン目で4枚に切り取れるようになっている料理カードが付いていて、それは私にとってフランスへの入り口となった。

へぇ、フランス人はこんなカジュアルなお皿でお食事するんだ。

驚きだったのは、飯田先生の著書や料理撮影のお手伝いのたびに目にしていた、ヨーロッパ各国の上等な食器ではなく、見るからに普通の、というか安物そうに見える、絵柄が何もない白い器に、それは美味しそうな料理が、お菓子が、盛り付けられていたことだった。先生がテーブルセッティングに使うオーガンジーのクロスには憧れのため息をついたものだったが、その料理カードで見るのは赤白ギンガムチェックの素朴なテーブルかけだったり、キッチンクロスをランチョン代わりにしたものだったりした。

朽ちた雰囲気のアンティークの器のよさに気づくには程遠い時代。草花やエレガントなモチーフが美しいウェッジウッドやミントン、リモージュやセーヴルの器こそがヨーロッパだったその頃、日本の冷蔵庫や炊飯器などの家電製品にも花柄があしらわれていたのだ。ただ白いだけでは売れない、絵柄がなければ。そんな時代に、ただの白い丼のようなカフェ・オ・レ・ボウルはどれほど新鮮だったことか。

イエナ書店の二階の雑誌売り場で、私はフランスへの夢を育み、飯田先生のもとから巣立って行く自分をイメージしはじめていた。

## オムレツ・セレスチーヌ

セレスチーヌ……古風でどこか麗しげで高貴なご婦人のイメージだ。

コルドン・ブルーに通いはじめてすぐのこと、配布されたプログラムにオムレツ・セレスチーヌとあるのを見て、いったいどんなに素敵なオムレツなのか、その日をそれは楽しみにしたものだった。映画の舞台にもなったその料理学校でヒロインが習ったのがオムレツだったし、石井好子さんのエッセイ集『巴里の空の下オムレツのにおいは流れる』は、格式高いホテルのバンケットで食べるものだったフランス料理を、オムレツの一言でもって、日本の女の子にも手が届く料理が憧れのパリに行けばあるのだと、夢を与えてくれていた。

だからパリの料理学校でオムレツの作り方を習うことは、パリのカフェで朝食にクロワッサンを食べることと同じくらい胸ときめくことだったのだ。

その憧れのオムレツ。シェフが披露したのは意外なことにも甘いデザートオムレツだった。当時のノートを見ると……

大小二つのボウルを用意する。

小さいボウルには卵3個。大きい方には卵6個。

どちらにも牛乳少々と砂糖を加えて溶きほぐす。

鉄のフライパンを火にかけてバターを溶かし、小さいボウルの卵を流し入れる。

フォークでかき混ぜ、全体に程よく火が入ったらアプリコットジャムを挟んでたたむ。

出来上がったオムレツは皿の上に移して火のそばの温かいところに置く。

あらためてフライパンを火にかけ、バターを溶かし、今度は大きいボウルの卵を流し入れる。

小さい方と同じようにオムレツを作り、アプリコットジャムを上に広げる。

その上に小さいオムレツをのせ、大きいオムレツで包み、盛り付け皿に移す。

上面に砂糖を振って、出来上がり。


「ヴォワラッ、どうです！　これがオムレット・セレスチーヌ！」

えっ、ジャム入りの甘いオムレツなんて……そう、しかもただの瓶入りのジャム。リキュールを加えるわけでもなし……それに、そうまでしてデザートに二重オムレツを作る？

東京の料理学校で手の込んだデザート菓子を習ってきた私は、パリではじめてのオムレツには正直ちょっとがっかりしたものだった。

50年代くらいまでのフランス家庭料理書には載っているこのオムレット・セレスチーヌ。今なら、卵と牛乳、砂糖にバター、そしてジャムと、どの家にもある当たり前の材料で精一杯工夫したレシピが愛おしく思えるはずなのに。

**私風甘いトマトオムレツ**

・フルーツトマト1個は湯むきする。乱切りにしゼリー状のプルプルした種も果汁もすべて小鍋に移す。レモン果汁を加え、トマトの甘さによって加減した適量の砂糖を加える。
・火にかけ、トマトの水分が滲み出はじめたら、火を強めて一気に煮詰める。トマトの赤みが増し、艶のいいジャム状のものがあっという間に出来上がり。時間をかけずにさっさと作ることで香りを逃さずに。
・仕上げにコアントローなどオレンジ系のリキュールを加える。
・ボウルに卵を割り入れ、牛乳と砂糖、ヴァニラを加えて溶きほぐし、バターを溶かしたフライパンでオムレツを作る。
・甘く煮たトマトをのせたら、手早く皿にずらしながら半分にたたむ。砂糖を振りかけて出来上がり。

# 6月のスープ・オ・ピストゥー

子供時代のスープといえば、コーンクリームスープ、そしてミネストローネだった。それにスープとは呼ばなかったが、あさりのチャウダーもよく食卓に上ったものだ。赤と白のキャンベルスープ缶の思い出は、始まったばかりのテレビ放送でアメリカのホームドラマを観た思い出に重なるものがある。

懐かしい当時のミネストローネはアメリカ経由のイタリア風だったが、そのフランス版ともいわれるのがプロヴァンス料理のスープ・オ・ピストゥーだ。ミネストローネとの一番の違いはバジルとチーズを混ぜて作る薬味ソース、ピストゥーを添えて食べることにある。ともかく実だくさんで、これにオムレツとパンとチーズがあればその日の食事は十分といったものだ。

材料を挙げてみよう。乾燥豆は白インゲンと赤インゲンの2種、それにフレッシュのサヤインゲン、人参、ジャガイモ、クルジェット（ズッキーニ）、ポロ葱、トマト、ニンニク。そしてスモークしてない塩漬け豚バラ肉を小さく切ったものだが、野菜だけで作ることもある。

これを水か薄い鶏のフォンで煮込み、好みでコキエットというごく小さなマカロニ型のパスタを加える。薬味のピストゥーはオリーヴオイル、ニンニク、バジルを、モルチエとかピロンと呼ばれる大理石やオリーヴの木をくり抜いた鉢で擦り混ぜて、おろしチーズを加え混ぜたものだ。

使うチーズはイタリアのパルミジャーノかオランダのエダム、あるいは両方を混ぜて。プロヴァンス人としては地元のチーズを使いたいところだろうが、残念ながら相応《ふさわ》しいものはなく、ならばせめてフランス産チーズでとエメンタールを使ったりもするようだが、結局はそれにパルミジャーノも足して、ということになるようだ。これに松の実を加えたものもピストゥーと呼ばれることがあり、さらに刻んだオリーヴの実やアンチョビが入れば、スープに限らずアペロのタルチーヌに向くソースになる。

「ね、見て、こんなふうにね……」

と、マルちゃんは実だくさんスープの中身をスプーンですくっては皿の半分に寄せ集め、ふくふく湯気を立てる野菜の小山を作ってみせた。そしてパン籠からよく焼けたクルート部分が多いバゲットのしっぽの一切れを選ぶと、そこにバジルとチーズの薬味ソースを塗り、野菜の小山の脇に現れた熱々のスープの泉に浸した。

「さぁ、あなたたちも私と同じようにするといいわ。こうすると野菜は少し冷めて食べやすくなるの。そうしてスープが染み込んだパンを、こうやってくずして食べるのよ」

マルちゃんことマルチーヌは、料理学校で知り合った友達のルームメイト。彼女たちの住まいはヴィラと名が付く行き止まりの一角にあって、パリでは珍しい三階建ての家の一階にあった。一歩外に出ればすぐそこに大きな朝市が立つ絶好のロケーションだ。その日、新鮮な夏野菜で彼女が作ってくれたのは、あとから思えばマルチーヌの故郷プロヴァンスの、スープ・オ・ピストゥーだったのだろう。

不思議なものでこの日の記憶がやけにはっきりしているのは何故なのだろう。その場にはコルドン・ブルーの同級生の友人がもう一名いたのだが、彼が私にこう訊いた。「それであなたはパリで料理を習って、日本に帰ったらどうしたいの？」

「私は料理研究家になりたいの」

さすがに今となってははっきりしないが、こういう趣旨のことを答えたのは間違いない。あれはパリに着いて2ヶ月後の6月。窓から射し込む初夏の陽光もはじき返すくらいに、夢でキラキラしていた自分が懐かしい。

## 宙を飛んだタルト・タタン

正月が明けてそれは1月半ば過ぎ頃だっただろうか、実家の二階の冬の陽だまりでウトウトしていた私は、それは騒々しいカラスの鳴き声で目を覚ました。パリではクックルクックルー日中鳩の鳴き声だったから、おっ、ここはパリではない、東京だ！　と目覚めたとたんに思い出した。

1976年末にパリを引き上げて帰国した私は、クリスマス休暇を日本で過ごすために一時帰国していたパリの友人たちと東京で合流し、留学中の緊張が緩んだのか、遊び呆けて年末年始を過ごしていた。そこに喝を入れるかのようなカーカーカラスの鳴き声。

おいおい、帰国したら料理教室を始めるんじゃなかったのか～

おいおい、マリコ、そんなにダラダラしていていいのか～

あれは私にハッパをかけてくるようにと、神様がカラスに伝言を託されたに違いない。そういう役回りにカラスのちょっと偉そうな存在感や鳴き声はうってつけではないか。

それからは早かった。

講習のスタイルはパリにいる時からすでにイメージしていた通り、私のデモンストレーションを生徒さんにご覧いただいた後で、会食形式で前菜・主菜・デザートの三品を順を追って召し上がっていただくというものだった。これは今でこそ当たり前だが、当時の料理学校の主流は実習形式。先生の説明のあと小グループに分かれて積極的な人主導で料理を作り、すべてが出来上がってから試食となったので、温かいものは冷たくなり、冷たいものはぬるくなった。こうして一番美味しい瞬間を逃すのは避けたかったことと、何より生徒さんには私自身が作った料理を味わっていただきたいという思いがあった。それに日本人の家庭にまだ馴染みのないフランス料理を、いきなり実習で作ってもらうのはどんなものかとも思っていた。

さてエンジンはかかり、その年の4月早々には教室をまずスタートさせたのだが、はじめの数ヶ月、アシスタントをしてくれたのは何と私の母だった。飯田深雪先生の料理教室の生徒だった母は、そこでずっと助手さんたちの動きを見ていたから、自分なら上手にできるだろうと内心思っていたようだ。私にはじめて会う方は当然母の方が先生だと思って、皆さんまずあちらに挨拶なさったものだ。

そして次は近隣の家々にフランス料理教室開講のお知らせ配りだ。その当時パソコンはおろかワープロもまだなかったから、自由学園初等部時代にならしたガリ版刷りだ。鉄筆を握りしめ、料理を勉強してパリ留学から戻りました、こんなフランス料理をお教えしますと書いて、中古の輪転機をガッチャンガッチャン回して印刷。でも、その字の下手くそなことといったら……。ちゃんとしたフランス料理が習えるなんて誰にも思えないような字で、前菜はサラド・シャンプノワーズでございます、メイン料理はブッフ・ブルギニョンでございますって、これでは生徒が集まるわけがないはずなのに、それがどんどん申し込みがあり、誰のお墨付きもいただいていない若い料理の先生が誕生したのだった。

それからどのくらい経っただろうか。生徒さんのお一人が私の知らないうちに家事評論家の西川勢津子先生にお口添えくださり、当時西川先生が桑井いねのペンネームで出された『おばあさんの知恵袋』がベストセラーになっていた文化出版局書籍部の方をご紹介いただけることになった。高校時代から雑誌『装苑』を愛読していた私は、もし料理書を出せる時が来たら文化出版局からと、パリに発つ前から勝手にイメージしていたから、こうしてお引き合わせいただけることにそれはびっくりしたものだ。聖書の言葉「求めよさらば与えられん」を、いいように標語にしていたふしがある私だったが、その結果ということなのか、幸運にも私のはじめての著書は願い通りの出版社から出していただけることになった。

1979年ほぼ一年かけて撮影した『いま、新しい食卓を―シンプルフランス料理』は ロケ中心で、カメラはパリ在住経験もおありの増渕達夫さんだった。総ページ234、フォンといっただしやパイ生地など基本の項目も含めてレシピ数180点。ほぼすべてが前菜・主菜・デザート三品の組み合わせで紹介する構成だった。終わりの方には「フランスの中の異国」というページでモロッコ風をイメージした鶏料理や、シュー生地に胡麻クリームを詰めたヌーヴェル・シノワ風のレシピまで載っている。

その当時欧米の料理は皆ひっくるめて「西洋料理」、お菓子は「欧風菓子」といった。フランス料理、イタリア料理、スペイン料理と国別のタイトルで料理書が出るとしたら、プロの料理人が著者の場合がほとんどだっただろう。それがこの本ではフランス料理がタイトルになり、しかしレシピはまだ縦書き。私のこの本が出版された頃を境に洋風料理の本は一斉に横書きになったはずなので、時代の変わり目に出版された一冊だったといえるのかもしれない。

この撮影で一番思い出に残っていることといったら、それはタルト・タタンだろう。当時タタン型は持っていなかったので、コルドン・ブルーで習った通りに鉄のフライパンを直火にかけてギリギリまでリンゴを焦がし、パイ生地をかぶせてオーブンへ。側で見ていた母も一緒になって気合いを入れて出来上がりは上々。それを丸いステンレスのケーキクーラーに返して冷ましながら撮影のタイミングを待っていた。さてその順番がまわってきた時だ。カメラの増渕さんがそれを移動させようとさっと持ち上げた瞬間、タタンはするりと滑って見事に宙を横に飛び、見ていた全員、きゃーっとそれは大きな叫び声をあげた。と同時に、増渕さんは必死の体勢をとって、手に残ったケーキクーラーで落下するタタンを見事に、いや、かろうじて受け止めたのだった。

このはじめての本の前書きに私はこう綴っている。

（本書で紹介する料理の）組み合わせを考えながら、いつも私の心のかたすみにあったことは、日常の食事であれ、お客様をもてなす時であれ、あれもこれもと欲張って作る必要はまったくないということ、おいしいオムレツとパンとワインでもいかにすてきな食事になりうるかということでした。そうしたあらゆる意味でのシンプルさで、自分には縁がないと思われがちだったフランス料理を、より身近なものとして感じていただければと思うのです。

Marché Saxe-Breteuil（パリ７区の朝市）。留学時代も今もこの近所に暮らす私にとって、ここは緑の深い場所。その昔スープ・オ・ピストゥーをご馳走になった友達が住んでいた小さな家は、今もそのままこのマルシェ沿いに残っている。

# 塩と水の幸せスープ

東京で料理家として仕事を始めてから14年後、再びパリに舞い戻った私は、引っ越したばかりのアパートのキッチンではじめて作ったスープのことを、光文社『CLASSY』で始まった連載第一回でこんなふうに書いている。

最高に幸せな気持ちになって思わず笑ってしまったのは、野菜スープを作った時だった。ポロ葱、玉葱、人参、カリフラワー、ジャガイモ、インゲン、キャベツ、何でもはしからザクザクトントン切って、バターでシュシュッと炒め始めると、美味しい香りの湯気が立ち上って頬をさわり、換気扇に吸い込まれるのがもったいないような気がして思わずスイッチを切ってしまった。鍋の中の野菜は火が入ってしっとりとすればするほど鮮やかな色になり、香りを放ち、いいなぁ、いいなぁ、いい匂いだなぁ、と思いながら、どこで水を加えようかと迷ってしまう。そしてついにここで塩を振って食べてしまいたいくらい美味しそう、と思ったところで水と塩を加えて煮はじめる。これだけ香り豊かな野菜なのだから美味しいスープができるわけである。だしもいらない、インスタントブイヨンもいらない。美味しいバターで美味しい野菜をゆっくり炒め、水を加えてあとは塩だけ。

それ以来「塩と水」が私の料理の基本になった。そしてフォンを使わずにどこまで奥行きのある美味しい料理が作れるかが新しいテーマになった。


コルドン・ブルー卒業後、東京に戻って開いた料理教室では、肉料理にはフォン・ド・ヴォー、それを煮詰めたグラス・ド・ヴィアンド、魚料理にはフュメ・ド・ポワッソン、スープを作るにも鶏のフォンをとるところから始めたものだ。まだ時代は1970年代。やれやれ、生徒さんはついてくるのが大変だったことだろう。

それが再びパリで生活しはじめたら、留学時代には使ったことがなかったブルターニュはゲランドの海の自然塩を知り、昆布茶を混ぜたような海塩の旨味と野菜の美味しさに、それこそショックを受けたのだった。

90年代はじめの『家庭画報』でゲランドの塩を手にした私が、フランスにはこんなに美味しい塩があった！　と紹介したくらいで、日本人にはまったく知られていないものだった。その塩がようやく日本に向けて輸出されはじめたのは、塩の輸入が自由化された2002年以降のこと。その塩とパリの水で作ったスープは、それから今に至る私の料理のありかたを鮮やかに変えてくれるものになったのだ。

色々な残り野菜を取り混ぜて作るスープは家庭料理ならではのもので、何が何gといったレシピにとらわれなくてよいだろう。材料がたくさんあれば実だくさんスープになるし、野菜が少なかったら、フランス人ならパスタを加えたり、バターを塗ってトーストしたパンと一緒に盛り付けてボリュームをもたせるだろう。そして使う材料や好みによってバターで野菜を炒めるか、オリーヴオイルか。ポイントはこの時野菜をよくよく炒めることだ。水っぽいスープになるか成功するかの分かれ道。フランス料理用語ではスエする、汗をかかせるというのだが、野菜のボリュームがグッと縮まり、外に水分がしっとりと出てくるまで、結構大汗をかかせるくらいまで炒めてから水を加える方が、野菜の甘味が出た美味しい仕上がりになる。野菜はたっぷりあった方がよいけれど、少なめだったり、旨味が物足りなくなりそうな場合はベーコンを加えたり、日本の無添加顆粒のチキンストックなら便利に使えるだろう。そうそうフランスなら簡単に手に入るポロ葱、これは旨味を出すうえで是非使いたいが、入手できなければ代わるものとして玉葱は必ず加えよう。

ところで冒頭のスープに加える野菜にジャガイモが入っているが、今では私の野菜スープに加えることは滅多にない。入れるとしてもごく少量。色々な野菜を取り混ぜた実だくさんスープのつもりが、ジャガイモが入ると他の野菜の風味を打ち負かしてジャガイモスープになってしまうので。このことについてはポトフのページで書いているので、そちらをどうぞお読みください。

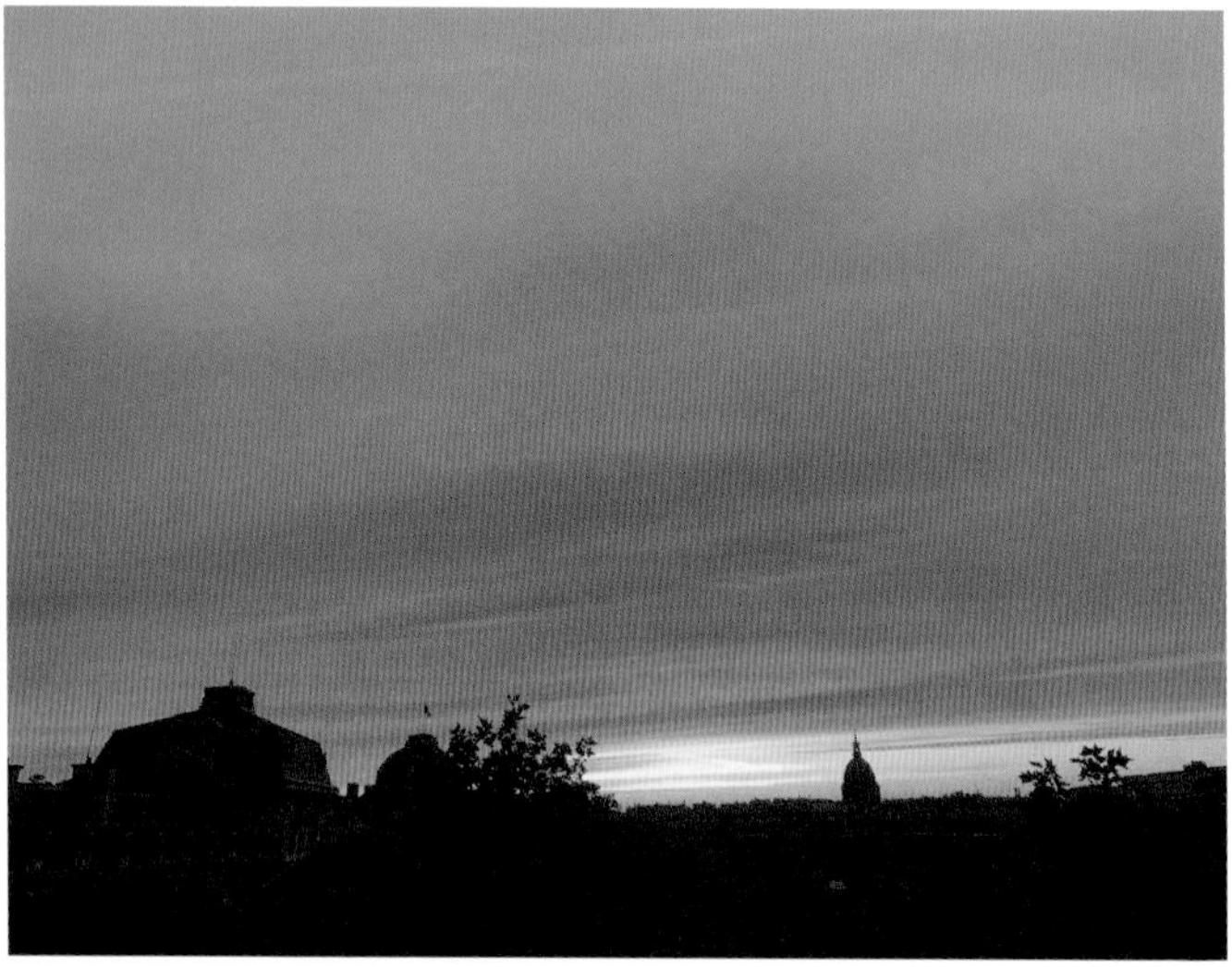

2020/06/21 05:37

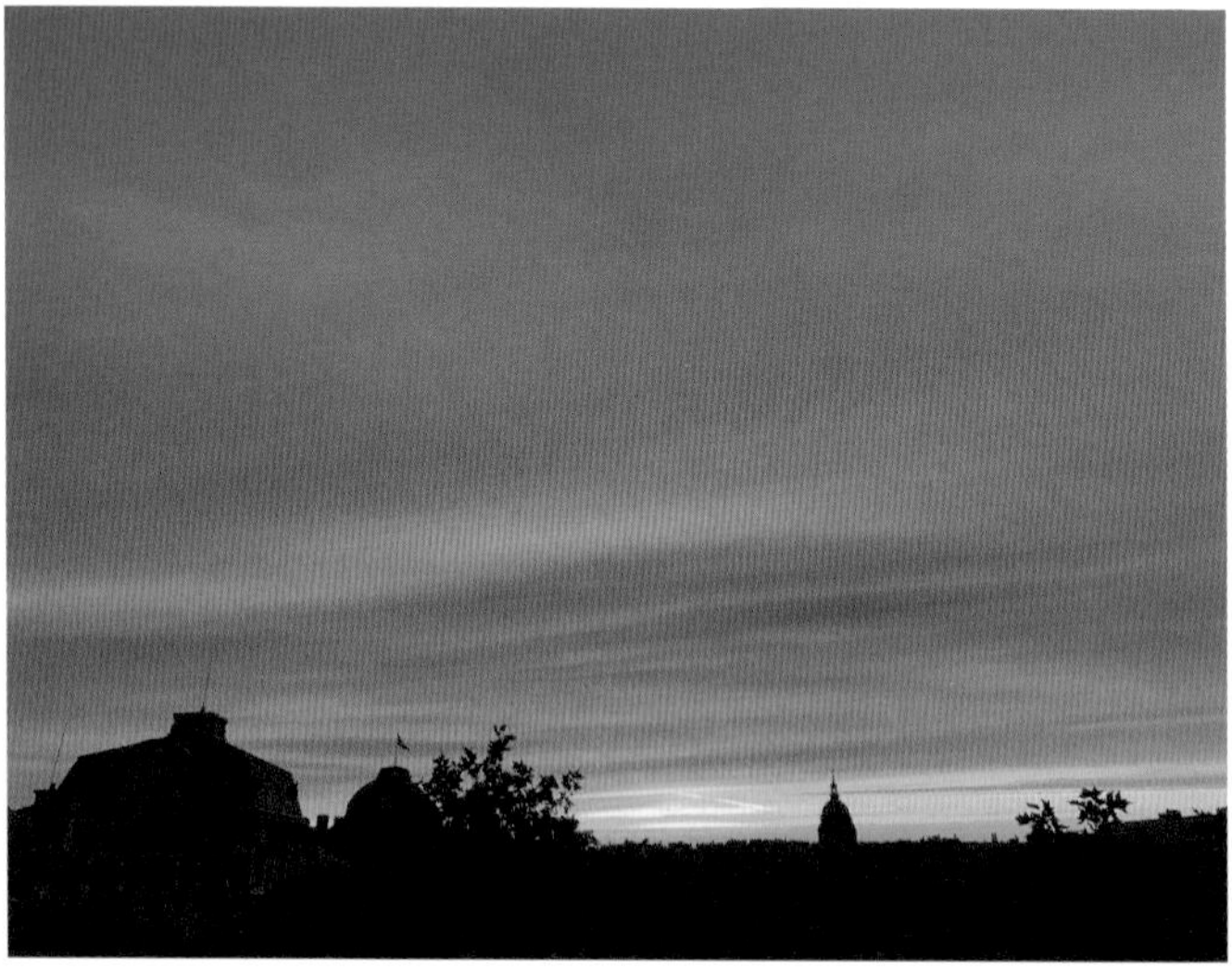

2020/06/21 05:40

# 2章　夜明けのオニオン・グラチネ

パリは本当に美味しいのか？

## 夜明けのオニオン・グラチネ

寒い日にはつい注文したくなるのがカフェのスープ・ア・ロニオン・グラチネだ。冷えた白ワインで口を冷ましながら、熱々のスープで膨らんだパンと溶けたチーズに胡椒をカリカリ挽きかけて。しかし街のカフェで本当に美味しいオニオン・グラチネに出合える確率は低いといってよいだろう。いや、どこかにはあるに違いない美味しいオニオン・グラチネ。でも私が経験したものは、そう、美味しくないのではなく、不味いのだ。ブイヨンはインスタントの味がするし、色付けには変な味のカラメルソースを使っているし、時には本当のブイヨンなのかもしれないが、牛骨の臭みが出ていたり。結局ポトフの残りブイヨンを使って家で作るのが一番のよう。でも本当は、寒い日に外で食べたいのがオニオン・グラチネというものだろう。

**Gratinée des Halles　レ・アル市場のオニオン・グラタンスープ**

今から30数年前のレ・アル市場バルタール館（1851年建造）。元気が出る、熱く湯気の立ったオニオン・グラタンスープを求めて夜遊びで疲れた人々が集まり、さてこれから1日の仕事を始めようというパリ中央市場の労働者たちが押し合う列に続いて並んでいたものだ。

『パリジャンのレシピ』アレクサンドル・カマス

ここでいう、今から30数年前とは1960年代のことだ。どうです、この情景！　夜遊びで疲れた人々のなかには、そうとは書いていないが市場近くのサン・ドニあたりを根城にする娼婦たちもいたという。化粧ははげ落ちて、でも口紅だけは上塗りした仕事上がりの女たちは、ベッドに入って休む前のオニオン・グラチネを。一方で前掛け《タブリエ》を血で汚した肉屋のおやじたちは体を温めるスープを求めて集まる明け方のカフェ。一九六八年にはレ・アル市場の取り壊しが始まり、中央市場は郊外のランジスに移った。移転前のレ・アルを知る人々には自慢げによく言われたものだ。

「そうですか、あの頃のレ・アルをあなたは知らないんですか。それは残念ですな……」

パリに料理留学する前のこと、料理教室で教わったオニオンスープは、玉葱の薄切りを丁寧に炒めに炒めて作ったものだ。じっくり甘味が出て、色濃くて艶やかで、それは美味しいスープだった。ところがパリで招かれた家で食べたオニオン・グラチネはまた別もので、玉葱は厚切り、炒め色はあまり付いておらず、甘味より玉葱そのものの美味しさが感じられるものだった。そしてわかったのは、これを家庭ではポトフの残りブイヨンで作るものだということ、そしてこのスープの主体はパンだったのだ。

後年出版した『パンが残ったら……』という本の表紙は、オニオンスープとパンのグラタンだが、このレシピでスープはすべてパンに染み込ませてあるから、それはスープではないパンのグラタンだった。そして後からわかったのだが、スープという言葉は「ブイヨンを染み込ませたパン」そのものを指すのだそうだ。ということは、この表紙の料理はたまたま語源のオリジナルに近いものだったことになる。お皿もフォークもなかったその昔は、料理をスライスしたパンの上にのせて手でちぎって食べ、スプーンもなかったからブイヨンはパンに染み込ませて食べたのであろう。そのパンのことを「スープ」といったのだ。

ところで、もし家で作るなら、オニオン・グラチネのパンは一口サイズに切るとよい。輪切りのバゲットはスプーンでは食べにくいものだ。パンのクルートが簡単にはスプーンでちぎれず、諦めて無理して口に入れると、パンが大き過ぎてズルッとしたり、唇に触ってアチチになること、経験ありますよね？　はじめから一口の大きさに切っておけばスマートに食べられるというわけだ。そしてもうひとつ言えば、そのパンをフライパンに熱したバターでころがし、炒めてから使うと、さらにパンが美味しいオニオン・グラチネになるだろう。

ローリエの葉とともに軽く色付く程度に炒めた玉葱に、ポトフで残ったブイヨンを加えて煮込んだスープで作る、家庭ならではのオニオン・グラチネ。小さく切ってバターで焼いたバゲットを器に入れ、スープを加え、たっぷりのエメンタールチーズで。

# クレープ・オ・シュクル

縮織りの布地のことをクレープという。ちりめん状に絹糸を薄く平織りにしたもので、日本ではフランスちりめんとか、ジョーゼットと呼ばれるものだ。私が子供の頃は洋裁の心得のある人が多く、輸入布地専門店が銀座の路面の一等地にもあった時代。そこで大人たちが手のひらにフワッとのせて品選びしていた、格別繊細そうに見える美しい布地が、クレープとかジョーゼットと呼ばれるものだったのだ。

おやつやデザートのクレープは、この布地のクレープが語源で、薄く細かなシワを寄せて焼くものだ。クレープパンは十分に熱して、ジュジュッと泡立つくらいのバターをひいたところに生地を流し、クルリと回して薄く生地をのばしてちりめん状に焼き上げる。日本に最初に入ってきたクレープはアメリカ経由だったから、ごく弱火で焼き色を付けず、シワもなく厚ぼったく、クレープというより薄焼きパンケーキというべきものだった。

クレープ自慢の私は臆面もなく、自分で焼いたクレープが一番美味しいと思っている。それでもたまにはカフェで注文することがある。どれどれ、どんなクレープかしら、私以上ということがあるかしらと思って。そこでお品書きから私が迷うことなく選ぶのは砂糖を振りかけただけのクレープ・オ・シュクルだろう。そして必ず追加でお願いするのがレモン。「カルチエ・ド・シトロンSVP《シルヴゥプレ》」（レモンのくし切り一つを付けてくださいね）。

この果肉にフォークを突き刺し、ねじって果汁をクレープに滴り落とし、砂糖を振りかけて食べるのだ。一口食べて、あら～もっとバターが……と思ったら、遠慮なくバターをくださいと告げてもよし。こちらのレモンはたいていよく熟しているから酸っぱ過ぎずに美味しいこともあり、こうしてシンプルにクレープを食べるのが一番だ。

（私の経験の範囲では、パリのカフェでレモンやバターはサービスするもの。追加料金を請求されたことはありません。）

ところでシュクリエという砂糖専用のガラス容器をご存知だろうか。パリのカフェではこのシュクリエで砂糖がサービスされることがある。サラサラサラとかすかな音を立てて、黄色いクレープにキラキラ砂糖を振りかける。塩・胡椒入れをずっと大きくしたようなガラス壺のアルミの蓋に穴を開けたものや、蓋の真ん中が煙突状になって、そこから砂糖を振り出すものが一般的。また、わが家には砂糖振りかけ用の穴あきスプーンがある。ヴィンテージのエレガントなデザインで、普段はガラス製のシュクリエで、時にはこのスプーンで砂糖を振ってクレープを食べる。その昔砂糖は貴重品だったから、食卓でフルーツやお菓子に振りかけて使うのは贅沢な楽しみだったのだろう。

留学時代に購入して以来かれこれ半世紀近く、パリー東京を行ったり来たりの鉄のフライパンで焼き上げる私自慢のクレープ。薄いシワを寄せて、美味しそうな焼き色を付けて。何も挟まずにシンプルに砂糖とレモンが一番だ。

## ジャンボン・ブールまたの名をパリ・ブール

ジャンボンはハム、ブールはバターのこと。おにぎりといえば梅干しのような、サンドイッチの中のサンドイッチがジャンボン・ブールだ。マヨネーズチキンとサラダ、イタリアンミックスなど、惣菜を挟んだようにボリュームたっぷりなバゲットサンドが昼時のパン屋に次々登場しても、このバター付きハムサンド抜きにしてサンドイッチは語れない。

バゲットとバターとハム、それぞれがたどってきた道は興味深い。

細長いバゲット形のパンはいつ頃生まれたものなのか。それはナポレオン一世の時代、ミッシュと呼ばれる丸パンは戦場ではかさばり、そこでポケットに縦にして入る細長いパンが生まれたのだという。丸パンに比べると積み重ねても隙間ができず、運搬にも向いたのだろう。軍服のコートにバゲットの原型といってよいのか、細長いパンを突っ込んだ様子……それで馬にまたがったかどうかはわからないが、戦争画に残っているなら見てみたいものだ。

時は変わりナポレオン三世統治の時代。農家産のバターは高価で庶民にはなかなか届かず、またすぐに溶けるので運送に向かず日持ちもしなかった。そこで庶民には安く、また戦場の兵士に安定的に供給できるようにと、バターの代わりになるものを懸賞募集したという。ナポレオン三世はアイデアマンだったのだ。採用されたのは牛脂の柔らかい部分を撹拌して乳化させ牛乳を加えたもので（味の想像がつきません！）これがマーガリンの元祖となるわけだが、それは1869年のことだった。

そこから時代は進み、第一次世界大戦下食糧難のパリ。ハムのなかでも豚のもも肉丸ごと一本から作られるジャンボン・ブラン（白いハム）は贅沢品で、税率を一気に上げることが提案される。男たちは戦争に駆り出され、フランスの首都パリと台所を守るのは女性たち。その彼女たちを中心に反対運動が起こったという。しかし値上げは避けられず、以来ジャンボン・ブランのことを、〝高価なパリのハム〟の意でジャンボン・ド・パリと呼ぶようになったという。

そして第二次世界大戦下のフランス。地方にはまだ食糧が残っていても首都パリとその近郊ではついに小麦粉も底を尽きはじめる。
「それでも皆パンを焼くことを諦めなかったものだ。残された小麦粉に、家の柱の木を削って粉にして混ぜてさえもね」

そう語ってくれたのは、80年代のパリで、当時まで見捨てられていた19世紀の石窯を蘇らせ、昔ながらのパン作りを始めたパン職人だ。

バゲットとバターとハムという、いかにもフランス的な三位一体の美味しさは、今でこそ当たり前で何ら贅沢なものではない。けれどざっとこの200年の間に起きた戦争との関わりを思う時、ハムとバターのサンドイッチのことを〝ジャンボン・ブール〟〝パリ・ブール〟と呼んで親しむことの意味は深い気がするのだ。

## ウ・マヨネーズの存在価値

　わずか数ユーロの単なる茹で卵のマヨネーズソースがけが、一皿50ユーロの舌平目のムニエルや牛フィレのロッシーニ風を置いているレストランのカルト（お品書き）に、一見不釣り合いな感じで載っていることがある。

　カフェのカウンターに並べられて客待ちするウ・マヨ、一皿10ユーロ以下でメイン料理が食べられる大衆食堂（ブイヨン）には欠かせないウ・マヨ。それがよいお値段のレストランやビストロにあったら、それはその店が、クラシックの流れを汲んだ料理をサービスするところと考えてよいはずだ。


　皆が好きな、誰からも愛されるウ・マヨネーズは、いつの頃からかこうした象徴的な存在として、時に高級店のお品書きの一番上の目立つ場所で、ひときわ安いお値段を付けて注文を待っている。そしてお客の方はといえば、カルトを開いてこれが目に入ると、おやおや、ありましたねとホッコリし、ウ・マヨに向かってウィンクしてから、さてさて今晩のアントレは何にしますかな、と目を下に移してカルトを読み始めるのだ。

「イチョウガニ（Tourteau）のサラダ、いいね。仔牛の頭肉（Tête de veau）もいいなぁ」

ウ・マヨネーズの価値を守る目的で結成されたアソシエーション、ASOMが主催するコンクールで、ある年のチャンピオンに選ばれたのは、パリ18区の「ブイヨン・ピガール」のウ・マヨだった。それは見た目新しい変化球レシピではなく、シンプル極まりない一皿1ユーロ90サンチームのウ・マヨネーズ。目新しさや何か付加価値を付けて勝負に出たのではなく、卵の質、マヨネーズの味わいといった基本的なことへの評価で第一位に選ばれたという。

このコンクールのウ・マヨ基本の三か条とは、
＊卵は中心まで茹で上がった状態であること。
＊黄身が柔らかく流れるようではいけない。
といって、黄身はパサつかず、なめらかさが残っている茹で加減であること。
＊マヨネーズにはマスタードをきかせ、十分な量であること。

以上を前提として、「見た目」「美味しさ」「卵の質、大きさと茹で加減」「マヨネーズに使う材料の質、テクスチュア、味」「ガルニ（添えもの）」の5項目に分けてそれぞれ20点満点で評価されての結果だったそうだ。そのレシピとは……。

**ブイヨン・ピガール流ウ・マヨネーズ**

・卵は粗塩を加えた湯で9分半茹で、氷水に浸けて加熱を止める。

・マヨネーズの材料は卵黄2個に対してマスタード75g、ピーナツオイル50cℓ、シェリーヴィネガー、塩。

・卵の殻をむき、縦半分に切る。皿にほうれん草の若葉（プース・デピナール）を何枚か敷き、その上に半分に切った茹で卵を3個、つまり卵1個半分を並べ、それぞれにマヨネーズをたっぷりのせる。

・カンボジアはカンポットの黒胡椒を挽きかける。

---

見た目の新しさやガルニに凝ることもなく、直球で潔いこのシンプルなウ・マヨが選ばれたのは、まさにこの価値を守ることを目的としたコンクールが示した基準表明だったのだろう。

ではここで、大の卵好きを自認する私のウ・マヨレシピをご紹介しておこう。

**カリフラワーのスムール添え　ウ・マヨネーズ**

---

・新鮮なカリフラワーを生のまま、チーズおろしで粒状におろして、クスクス粒（ス

ムール）のようなサラサラ状態にする。
・アンチョビのフィレを縦に細く切る。
・クルジェット（ズッキーニ）の皮をむき、表面を塩でこすってから洗う。こうすると表面の苦味がとれ、さらに緑鮮やかに。これをエコノムナイフで平たいパスタ状におろす。中心の種の部分は水っぽいので、そこはおろさずにスープ用にとっておく。
・皿にクルジェットをひらひらと盛り付け、ヴィネグレットソースを少し垂らす。
・その上に縦に半割りにした茹で卵の切り口を下にして置き、マヨネーズソースをスープスプーンでたっぷりすくいかける。マヨネーズの上にカリフラワーのスムールをサラサラと振りかけて、アンチョビをのせ出来上がり。ワインはプロヴァンスのロゼを。

PAUL BERT

この店のグラスワインは平均7ユーロ。黒板の一番手に泡のCrémant d'Alsaceが8ユーロとあるのは嬉しいセレクションだ。ではシャンパーニュは？　ありました、一番下に。押し付け感のない店主の気持ちが伝わるお勧めリストが嬉しい。

## パリ―アメリカンなステーク・タルタル

フランスで食べる料理のなかでステーク・タルタルほどアメリカンな味付けが他にあるだろうか。

粗いミンチ状の牛の赤身肉に、玉葱とパセリ、コルニション（ピクルス）の微塵《みじん》切り、マスタード、ウスターソース、トマトケチャップ、タバスコ、ひまわり油やオリーヴオイル、卵黄を加えて味付けし、ジャガイモのフリットを添えてサービスされる、パリのカフェ定番の生肉ステーキだ。

これが何故か厨房ではなく、ギャルソンの聖域であるサービス用のビュッフェで、ギャルソン自らがカチャカチャとフォークでかき混ぜ、味付けしてサービスするものだから（伝統的にはということだが）、ビュッフェにはパリのカフェにしては不釣り合いな感じにケチャップやタバスコなどの容器が並んでいる。

このタルタルの味付けは〝ギャルソンのご機嫌次第〟などといわれるように、それこそ匙加減で色々。おそらく当初は客の目の前で、こんな感じで？　と好みに応じて味付けしていたものなのだろう。そしてその客とはアメリカ人、時は二つの大戦に挟まれた1920年代。多くのアメリカ人アーティストが、小説家が、大西洋を渡って旧大陸のパリを目指し、悲喜こもごもの足跡を残していったあの時代だったのではないだろうか。ヘミングウェイがカフェ・オ・レ一杯だけで終日過ごしたというモンパルナスはずれのブラッスリー「ラ・クロズリー・デ・リラ」のステーク・タルタルに、今でもその面影を見ることができるかもしれない。

ステーク・タルタルの調味料のラインナップを見れば、端から日本人には馴染み深いものばかりだ。生で食べるのだから、家で作るなら、そこは是非ともひき肉ではなく赤身肉を塊で買って、できればプロセッサーで回して粘りを出さずに、包丁で叩き、それこそ〝あなたのご機嫌次第〟で味付けすればよいだけ。

ただし、想像できると思うのだが、この味が最初から終わりまでず〜っと続いたのでは一皿の半分までこないうちに飽きてしまい、もう結構となりかねないものだから、アントレやメイン以外で楽しむのもおすすめだ。

そこで考えたのがアペロにぴったりなタルタル・タルチーヌ。これなら肉を叩くのも少量ですむから費用も手間もかからず、そのうえちょっとしたことで美味しさダブルアップなのだが、そのひと手間とはとても簡単。

バゲットの薄切りにタルタルを厚めに塗りつけたら、油をひいて熱々に熱したフライパンに肉の表面をジュッと一瞬押し付ける、それだけ！

パンに面しているまだ冷たい生のタルタルに対して、焼いた表面の肉は焦げて香ばしく、ほんのり温かくて、その対比を味わえるところが素晴らしい。レアを好む人はタルタルを厚くのせて、生肉を好まない人は薄くのばして焼けばよいのだから、私もよいことを思いついたものだ。

焼いたらすぐに食べるのが肝心なので、アペロにしてはちょっと大袈裟でシャレないけれど、日本人にはお馴染みのホットプレートをテーブルに置き、塗っては焼き、塗っては焼き。いや、それよりもワイングラスを片手にキッチンに集まって、フライパン囲んでアペロでは？ 粗挽き黒胡椒を散らして、小さくちぎった葉の先端にオリーヴオイルをつけたルッコラをのせるもよしと。こんな時のワインにはサラリとお手頃なボジョレーが何よりだ。

Tartare de bœuf au couteauとあったら、肉挽きを使わずに包丁を使って牛赤身肉を細かくした生肉ステーキのことだ。味付けは実にアメリカンだが、パリ名物。評価の決め手は添えのフリットにもあり。

## ごめんなさいね、エスカルゴ

そうまでして食べたところで、さほどのものでもないのがエスカルゴだ。そうまでしてとはどういうことか。カタツムリはまず10日ほどかけ、小麦粉と水だけ与えて絶食させる。消化器官に残っているものを排泄させ、体内をきれいにすることから始めなくてはいけないのだ。

それだけでも、あのクネクネのためにそうまでして？　と思うのに、絶食後さらにそれに塩をまぶしてネバネバ泡状の粘液を分泌させ、一個一個手で洗い、そのちょっと気味の悪い塩まぶしネバネバ出しと洗いを3回繰り返し、そこでようやくクールブイヨンで茹でる段階となる。そして身を殻から引っ張り出してやっと食べられる状態になるのだ。ところがそこまでしても、見た目も匂いもあまりよくない。苦行の果てにこんな言われ方をして、カタツムリは可哀想なのである。

ニンニクのきいたパセリバターで焼いたエスカルゴ・ア・ラ・ブルギニョンヌを美味しいと感じるのは、ひとえにバターソースが旨いからだ。無性にこれを食べたいと思う時がたまにあるが、私の場合それはこのソースをパンに染み込ませて食べたいからで、エスカルゴそのものを是非とも賞味したいというわけでもない。それなら、ニンニク入りパセリバターだけ作って溶かしてパンにつけて食べればよさそうなものだが、それがそうではない。何故ならカタツムリの風味、雑味が移って焦げたバターソースが美味しいのだから。

この料理の食べ方には二通りある。

ひとつは殻に合わせバターとエスカルゴを詰めてオーブンで焼く。食べる時には専用パンスで殻を挟み、細いフォークで身を出して食す。

あるいは丸い小さな窪みがいくつかついた専用焼き皿に合わせバターとエスカルゴを詰め、オーブンで焼く。

ちぎったバゲットをバターに浸して食べるのが目的だから、焼き皿でサービスされるほうが私には望ましい。

そうなるとパンもこれに相応しいものでありたい。種類でいえばパン・コンプレではなくバゲット。クルート部分よりソースが染み込みやすい内側の白いところがこの際肝心なので、今どき好まれるクルートバリバリも過ぎるとこれには向かない。白いパンの身にジュワッと緑色のバターを染み込ませて食べてこそのエスカルゴ・ア・ラ・ブルギニョンヌなのだから。このソースがまだ焼き皿の窪みに残っているのにさっさと持ち去るギャルソンはまずいない。

この料理は日本にいる時に、私のもうひとつの故郷フランスを思って食べたくなるものでもある。冒頭でエスカルゴなんてさほどのものでもないと言ってしまったが、近いうちにそう言ったことを後悔する時が来るに違いない。というのも、ブルゴーニュの友人夫妻から、今度私が訪ねることがあったら、自慢のエスカルゴ料理を是非ともふるまいたいと誘われているのだ。客人をもてなすのには、ブルゴーニュの特徴ある食材でと、優良な生産者を探し出し、新しいエスカルゴレシピ作りを楽しんでいるという。

と、ここまで書いて、私は突然思い出した。そうだそうだ、かつてブルゴーニュの最北、ソーリューで、偉大なるシェフ、ベルナール・ロワゾーによるOrtie（イラクサ）バターのエスカルゴに感激したことがあったではないか。どうしたらこんなにも目に鮮やかな緑色になるのだろうというバターソースをまとった、泥臭さのまったくないエスカルゴ。三つ星レストランで敢えて出すだけあって、それは自慢の一品だった。大きな体躯で厨房を動き回るロワゾーは、取材に訪れた私たちに撮影用の一皿を差し出し、ツルリとした頭の上に二本の指を立ててクネクネさせ、エスカルゴだよ！　と茶目っ気たっぷりに笑ってくれたものだった。

あの日のエスカルゴを今頃になって思い出すとは、私もどうかしている。それはそれは美味しかったのだから。ごめんなさいね、エスカルゴ。

## ツンツンする目玉焼きの食べ方

その女性《ひと》は昼時で騒然としたカフェのテーブルで、ギャルソンがあたふたと無造作に置いていった紙のランチョンを正しい位置にスッとずらし、パンが入ったアルミ皿と水のカラフの位置も整えると、騒音をかいくぐってかすかに聞こえてくる広場の噴水の音に耳をすませているようだった。

話し相手のいない一人ランチ。今なら携帯電話を取り出して待ち時間をつぶす人も多いが、スマホもまだ普及していないその当時のこと、通りを行く人や犬、店の前のキオスクのおじさん、テーブルから落ちるパンくず待ちの鳥やギャルソンを観察対象に、一人の時間を飽きずに過ごしたものだった。こうしてパリという舞台の観客になって一人時間を楽しめるのもこの街の魅力だ。

その日の私は一人。そしてその日の主人公はその女性。

やがて彼女のもとに運ばれてきたのは、意外にもひと皿の目玉焼きだった。ランチにチーズとハム入りのオムレツとか、ジャガイモとベーコンの田舎風オムレツの選択はあっても、目玉焼きとは珍しい。

さて彼女の目玉焼きの食べ方は……。

満足そうな笑みを浮かべて皿を見つめると、卓上の塩を手に取り半熟の黄身の上にだけパラリと振る。

バゲットを小さくちぎる。

そして、その小さな一口のバゲットで柔らかい黄身の真ん中をツンツンつついて口に運んだのだ。

黄身の中心はトロリとしている。そして白身と接する黄身の周囲はかすかに固まっている。その部分は残して、真ん中だけをツンツンと。

次いで白身にも塩を振ると、残った黄身のまわりと混ぜ混ぜして食べるのだった。

何と、こうすれば一皿の目玉焼きも数倍楽しめるというものだ！

これなら食べ終わった皿に黄身がへばりついている、あの感じの悪いところを目にしないですむ。

何と素晴らしい、ツンツン目玉焼き！

サンジェルマン・デ・プレの「カフェ・ド・フロール」で朝食をとるならば、半熟茹で卵のムイエット（*）、これは是非召し上がっていただきたいものだ。

特別にどこかのパン屋に作らせているのか、この頃では珍しいフィセル（バゲット生地を使った長さ20㎝足らずのごく細いパン）をちぎって、半熟卵の黄身をツンツンするのだが、このフィセルがとても美味しい。クンクンと鼻の下にずっと当てておきたいくらいよい匂い。その健康的な小麦の風味といったら、パンが主役の朝食にこそ相応しい。

ところで私は半熟茹で卵の黄身にメープルシロップをほんの少し垂らし、塩の華を振るのだが、このメープル塩効果はなかなかだ。また細長く切ったムイエットの先端にスモークサーモンをくるりと巻いて半熟卵に添えれば、おうちごはんの簡単オードブルに。皆さんも是非お試しを！

＊朝食の時などにコーヒーやココアに浸して食べる細長く切ったバゲットのことをムイエット（湿らせるものの意）という。

## 魚のタルタルには温かいトーストを添えて

パリで最初にタルタル・ド・ポワッソンをカルトに載せたのは、14区はラスパイユ大通り沿いの魚料理専門店「ル・デュック」だった。当時のシェフ、ポール・マンケリが大西洋の小さな島、リル・ド・レのレストランで働いていた時にはすでに編み出していたレシピで、それが今でもこうして語り継がれる〝Le Duc のスズキとホタテ貝のタルタル〟だ。

ヌーヴェル・キュイジーヌという言葉もまだ生まれていなかった1967年のことだ。魚料理といえば、まるでバター風呂に魚を泳がせて調理するようなムニエルや、ブール・ノワール、ソース・オランデーズ、ブール・ブランといったバターベースのソースや、ザリガニの殻を潰して作るソース・ナンチュアなどをたっぷり添えた、まさにソースで魚を食べる料理ばかりだったから、魚の鮮度第一のタルタルの登場は画期的なことだった。

歴史に残るその料理がどんなものだったかというと、生のスズキと帆立貝を包丁で丁寧に刻んでから、オリジナルレシピのソース・タルタルを混ぜたものだ。

ソースのベースはマヨネーズで、そこに加えるのはロシア風ピクルス、パセリ、アンチョビ、ケッパー、グリーンペッパーの水煮を刻んだもの、それにウスターソース、タバスコ、コニャックで、今の感覚からしたらかなりしっかりした味付けだ。

私がこの料理を目的にル・デュックを訪れたのは1975年だったが、強く印象に残っているのはタルタルをのせる薄いトーストパンが温かかったことだ。それは保温のためにナプキンに包まれてサービスされ、そこに冷たいタルタルをのせて味わったという印象のほうが、タルタルの味そのものよりも記憶に残っている。息を吹きかけて冷まさずには食べられないような熱々料理や、反対にキンキンに冷えた飲み物も苦手なフランス人にとって、それはきっと上品で微妙な温度に感じられたことだろう。

そして今、タルタル・ド・ポワッソンはそのへんのカフェでもサービスするような、お馴染みの料理になった。よく使われるのはフランス人が一番好む寿司ネタでもあるサーモンだが、カフェランチに使える材料には限度がある。そのうえ時代の流れで味付けがシンプルになっているから誤魔化しようがなく、しかもそれが生温いときては、こう書いているだけでノンメルシィ。魚のタルタルは素材に期待できるレストランか、自分で作って食べるもののようだ。

そこで私流のレシピだが、真鯛のタルタルにおすすめの味付けがヴァニラだ。帆立貝とヴァニラもよい組み合わせなので、二種混ぜて作るのもよいだろう。

## 真鯛のタルタル　ヴァニラ風味

・フードプロセッサーを使うと魚に粘りが出やすいため、重みのある包丁で叩いて細かくしてボウルに移す。
・ローストしたアーモンドオイルか太白ごま油、塩を加えて調味。ヴァニラは鞘に切れ目を入れて種子を少々取り出すか、オーガニックヴァニラペーストを。
・これにセロリの株の中心部分にある柔らかい茎と薄緑色の葉を刻んで加え、レモン表皮のすりおろしと果汁も少しずつ。少なくとも冷蔵庫に2時間ねかせる。
・この間に一手間かけてジャガイモを茹でてストレーナーなどを通して裏濾し。作り置きのヴィネグレットソースか、タルタルに使ったのと同じオイル、白ワインヴィネガーと塩を加えて調味する。
・サンドイッチ用の食パンをトーストし、ジャガイモのペーストを塗り、タルタルをのせる。シブレット（チャイブ）か芽葱、セロリの柔らかい葉をあしらって。

## 私流タルチーヌは砂糖でジャリッ

フィセル（紐）という長さ20㎝ほどの細いパンがある。生地はバゲットと同じで、これを縦半分に切ってバターを塗ったものが、カフェの朝食に出されるタルチーヌ・オ・ブールだ。寒い冬の朝ごはんに、熱々のショコラに浸して食べると体が温まる。若い頃はカウンターで立ち食いのおじさんのまねをして、ショコラが残り少なくなったカップに残りのパンをちぎり入れてふやかし、溶けたバターがテラテラと浮かぶ甘いパン粥をスプーンですくって食べたものだ。

ただこの頃ではフィセルを焼くパン屋が少なくなったのか、細身のバゲットで代用されることが多くなったのは残念だ。細いフィセルならちぎらずに指でつまんで口に運ぶのも、ショコラ・ショーにチョンと浸すのも似合うけれど、太いバゲットの縦半分切りではそうはゆかないではないか。

朝食には何か一口甘いものが食べたくなる。そこでタルチーヌと一緒に蜂蜜やコンフィチュールを注文するのだが、それがある日最初にオーダーし忘れ、後からギャルソンを呼びたくても、例によってなかなか気づいてくれず、しびれを切らせてテーブルの上にあるものでエ夫したのが、砂糖でジャリッのタルチーヌだ。

そのタルチーヌとは……。


カフェとバタータルチーヌを注文する。

コーヒーはカフェ・クレームとか湯で薄めたカフェ・アロンジェではなく、必ずエスプレッソ。

パンとバターが別々にサービスされたら、バターを包み紙から出してパンの切り口にたっぷりと塗りつける。そう、たっぷりと。

カフェについてきた角砂糖をスプーンにのせ、カップに浸す。砂糖の中心までカフェがすっかり染み込むのを待つ。といってもほんの数秒。

スプーンをカップから引き上げ、香り高い濃厚なカフェが染み込んだ砂糖をバターの上にのせ、スプーンの腹でジョリッと潰しながらのばす。

口元に運んで息を吸うと、カフェの温度で軽く溶けたバターのミルキーな匂いと、エスプレッソならではの濃厚な香りがする。

食べるとバターの冷たさが心地よく感じられ、コーヒー砂糖がジャリッと歯に当たり、噛むと小麦の風味が口中から鼻に抜けてゆく。

どうです、美味しそうでしょう？

と、ここで思い出したのだが、ある時ラジオ番組でこの話を自慢げに披露したところ、聞き手のお一人がこうおっしゃったのだ。

「なんか、パリのカフェでそんなことして、恥ずかしくないですか？」と。

そんなこと……と言ったかどうかは定かではないが、そのようなニュアンスのことを言われ、これを恥ずかしいことだなんて考えたこともなかった私は、アァ、なるほど、人と違うことはしたくない日本人ならそう思うかもなぁ、と気づいたのだった。

そこで断じて申しますが、これはちっとも恥ずかしいことではありませんからね。何でもそうなのだが、恥ずかしそうにするから、恥ずかしいのであって、気づかれないようにとコソコソせずに、背筋伸ばして堂々と、ゆったり時間をかけてコーヒー砂糖を作り、パンにのせて、ジャリッ！「あぁらまぁ、何て美味しいこと」とやればよいのですから。

## 不滅のメルラン・コルベール

メルラン（鱈《たら》の一種）は北大西洋でとれる体長30㎝前後の、脂肪はほとんどない淡白な魚だ。真っ白な身は加熱するとふわっと柔らかく、誰にでも好まれる風味。身が柔らかいため煮炊きには向かない。フィレにして粉をまぶし、フライパンでパネソテーするか、衣を付けて揚げるのが最も一般的な調理法だ。一尾丸ごとではなくすでにフィレにして売っていることが多く、それをすり身にして魚のムースやテリーヌに使うのにも便利な魚だ。

このメルランの頭を残して背開きにし、骨を抜いた一尾丸ごとに細かいパン粉の衣を付け、フライパンで揚げ焼きする料理をメルラン・コルベールという。凱旋門前の赤い日除けが目印の老舗ブラッスリー「フーケツ」で生まれた、正真正銘パリ生まれの名物料理だ。揚げ物好きのうえにバター好きときている私にとっては、ハイカロリーでも気にしない、想像するだけで白ワインには何を？　とお腹が空いてくるのを止めることはできないものだ。

〝ヘルシーに軽く〟という時代のあおりは、ブラッスリー「フーケツ」にも及び、この店の伝統料理であるたらのコルベール風にメートルドテルバターではなく、それよりも軽いタルタルソースを、それも魚には直接添えずに別々にサービスするようになった。今では、本来の鱈のコルベール風を食すには、客の方から「メートルドテルバターを添えて」とリクエストしなければならない。

『パリジャンのレシピ』アレクサンドル・カマス

この本の出版から歳月は過ぎ、バターは悪玉、植物油は何でも善玉とはいえないことが明らかになると、１００％自然食品であることにようやく気づいてもらえたバターは、そこでようやく名誉回復をとげることが叶った。しかしバター不遇の時代も、メルラン・コルベールは不滅とばかりに、この料理を愛好家のために常にカルトに載せ続け、保護を買って出る老舗レストランが絶えることはなかったという。

ジョエル・ロブションが手がけるカウンターレストランでは、今日も姿美しいメルラン・コルベールを、それもタルタルソースではなく、基本通りの刻みパセリとレモンを練り込んだメートルドテルバターで食することができるのは嬉しいことだ。

丸ごと魚を背開きにしても、揚げ焼きにするとその姿は平らになるのだが、ここではメルランをディープフライにしているのか、尾は上にはね、骨を抜いたあとは船形に窪みがついて立体的で、それは美しいものだ。その窪みに冷たいメートルドテルバターを盛り付けて、揚げた縮みパセリとジャガイモを添えてサービスされる。

衣にするパン粉は砂のように細かいものが使われる。揚げ物にさらに合わせバターを添えて食べるのだから、油を含む衣はできるだけ薄いことが肝心だ。

さて私はというと、メルラン一尾丸ごとを揚げ焼きすることはない。これなら皆さんにも作りやすい、白身魚の切り身を使ったレシピは以下の通り。

**家庭風メルラン・コルベール**

材料　有塩バター50g、パセリの微塵切り6g、オーガニックレモン表皮すりおろし少々、レモン果汁 小さじ2

・右の材料を練り混ぜてメートルドテルバターを作る。パセリの他にセルフィーユやエストラゴンも加えて合わせバターにできればなおよい。これらのハーブを使うと俄然フランス風味にアップする。

・なおパセリは平葉のイタリアンではなく、それより香りが高い縮みパセリだとなおよい。

・パセリは洗って水分を振り落として刻む。ただこれが完全に乾いたパセリでは、刻んでも香りのある水分が引き出されない。若干湿った状態で細かく刻み、にじみ出た緑の汁ごとバターに混ぜ、冷やしておく。

・塩、胡椒した魚の切り身に、小麦粉をまぶし、牛乳少々を加えてゆるめた溶き卵に通し、細かなパン粉の衣を付ける。

・魚にようやくかぶる程度の油と少量のバターをフライパンに熱して、魚を揚げ焼きする。

・皿に盛り付け、メートルドテルバターを遠慮ない量のせて、バターに使ったハーブを彩りに散らす。レモンと冷たいフレッシュリーフサラダを別に添えて。

## サバは情夫でニシンはポン引き

日本のフランス料理店ではなかなか食べる機会がないサバだが、実はこれはなかなか魅力的な素材だ。私が好きなサバ料理は、まず軽いスモークやリエット、そしてマリネ、細かいパン粉をまぶしてパネソテーしてラタトゥイユを添えたものなどだ。とはいえ、まず紹介するべきは定番〝サバの白ワイン風味〟だろう。

### Maquereaux au vin blanc

サバ（新鮮なもの）小6尾　新玉葱大2個　マスタード適量
レモン1個　白ワイン辛口500㎖　塩、胡椒

サバは内臓を取り除き、水洗いする。頭を切り落とし、三枚におろす。十分に水気をふき取ったらマスタードを塗り、塩、胡椒する。

テリーヌ型に輪切りにした新玉葱を敷き、次にレモンの輪切りを3枚のせて、その上にサバを並べる。再び玉葱を敷き、レモンの輪切り3枚をのせ、サバを並べる。サバがかぶるくらいに白ワインを注ぎ、低温のオーブンに20分ほど入れる。出来上がったサバには、必ずジャガイモのサラダを添えること。温製でも冷製でもいい。

『パリジャンのレシピ』アレクサンドル・カマス

シンプルなレシピだけれど美味しさは十分に伝わるものだ。このサバの水分をとって骨と皮を除いて細かくほぐし、なめらかに練ったバターに加え混ぜれば、それこそ空きっ腹には最高のタルチナード（パンにのせて食べるペースト）になる。

ところでフランスで食したサバ料理のベストワンは、ブルターニュはカンカルの「シャトー・リシュー」で、モン・サン・ミッシェル湾をのぞむ庭のアペロにサービスされた、ほんのり温かい小鯖のスモークだ。フェンネルとシブレット風味のクレームエペッスを添えて、ブレ・ノワール（黒い麦の意でそば粉のこと）の小さなガレットと共に。

それにしても、青魚のサバやニシン、イワシと聞くと、塩漬けや燻製、オイル漬けを思って反射的に食欲が刺激されるのだから面白いものだ。いわゆるポワッソン・ノーブルといわれる高級魚のマダイやヒラメ、スズキの名前を聞いただけで、何だか急にお腹が空いてきたぞ、とは思わないものだが、それがポワッソン・ブルー、青魚だとパンとバターと白ワインと共にテーブルにあるイメージがたちまち湧き、脳が早速反応し、アペロタイムが待ち遠しくなるのだ。

なかでもフランス人が大好きな料理が、スモークニシン(塩漬けのこともある)のマリネだ。ウ・マヨネーズに並んでパリジャンに最も愛される料理といってよいだろう。玉葱と人参の風味が滲み出たオイルに漬け込まれて美味しくなったニシン。ビストロではとても一人分とは思えない量がドンとサービスされ、それとは別に生温かい(これがポイント!)茹でジャガイモにニシンのマリネオイルを少々からめて刻みパセリを散らしたものを、これまたたっぷり盛り付けたボウルが運ばれる。何人かでアペロするならこれ一人分を皆でシェアし、手頃なソーヴィニョンブラン一本あけて。パンとバターは言わずとも付いてくる。

Maquereaux(サバ)の deuxième sens(ダブル・ミーニング)が売春婦のヒモとか情夫であることは、フランス語もよく知らない若い時に友達から教えられ、サバも気の毒にと思ったものだ。では同じ青魚仲間の Hareng(ニシン)にも意外な第二の意味があるかも? と調べてみたところが、それが何と〝ポン引き〟。その昔 Poisson noble タイやヒラメのような高貴なお方を夜の街で手引きしたのが Poisson bleu のニシンだったということに。あら、面白い!

## シュヴァル風ビフテック・アッシェ

カフェのメニューにビフテック・アッシェとあったら、それは牛挽肉のステーキのことだ。以前はこのことをアンブルガー（ハンバーガーのフランス語読み）といったが、ファストフードのアメリカンハンバーガーが、今ではマック（こちらではマックド）ばかりかパリ中のカフェのメニューに載るようになり、紛らわしいのでアンブルガーの呼び名はそちらに明け渡し、挽肉ステーキのほうにはビフテック・アッシェ、あるいはステーク・アッシェという呼び名が残った。アッシェとは細かくした、挽いたもの、のことなので、挽いた肉のビフテック、ステークを細かくしたもの、というわけだ。

そこでシュヴァル風だが、これは挽肉ステーキに目玉焼きをのせたもの。シュヴァルは雄馬で、馬の背に鞍《くら》をのせたように目玉焼きを添えるのでこの名前だ。鉄道や自動車が発達するまで、馬はフランス人にとってとても身近な存在だったからだろう。ビフテック・アッシェはたいてい山盛りのフリットとサービスされ、ソースは付かず、カフェのテーブルに置いてある塩とマスタード、時にケチャップをもらって、半熟の黄身をソース代わりに食べるとてもシンプルな料理だ。

ミンチ肉に玉葱や卵、牛乳でふやかしたパンを加え練り混ぜて焼く日本式ハンバーグステーキは、混ぜ物があるので中心まで火を通して焼き上げるが、塩、胡椒以外何も使っていないビフテック・アッシェの焼き加減は自由で、セニャン（生焼け）やア・ポワン（ミディアム）などと、好みに仕上げることができる。

留学時代のパリで生まれてはじめてア・ポワン（ミディアム）のハンバーグステーキを食べてびっくりした私は、帰国後出した本のエッセイにその感激ぶりを綴り、切り口が赤いビフテック・アッシェの写真と共にレシピを紹介したものだ。

**ビフテック・アッシェ**

肉を自分で叩く場合、赤身の牛もも肉300gをブロックで買い、ごく粗いミンチ状にする。日本の店頭で見かける粗挽きよりもずっとずっと粗い状態だ。肉がペタペタ張り付いて叩きにくくなるので、包丁の腹を水で軽く湿らせてから使うとよい。

肉屋さんで挽肉にしてもらうなら、8㎜とか9㎜挽きでとお願いする。それができなければ、脂のない赤身をできるだけ粗く挽いてもらう。脂が結構混ざっている挽肉しかなかったら、残念だけれど諦めて次の機会に再挑戦だ。

・粗挽き肉をボウルに入れ、ニンニクのすりおろし小½片分、玉葱のすりおろし30g、ゲランドの塩 小さじ⅔と胡椒適量、粘りを出すために冷水少々を加え、手で十分にこね混ぜる。
・二等分にし、これを円形にまとめ、中心を手で押さえて軽く凹ませる。
・フライパンに油とバター少々を熱し肉を焼く。はじめは中火で底面に焼き色を付け、好みの加減に両面を焼く。バットなどに移しボウルをかぶせて3分ほどねかせ、熱で中心に集まっている肉汁が周囲に戻るのを待つ。
・あとのフライパンを火にかけ、バターを溶かして焦がしバターにし、刻みパセリとケッパーを加えた簡単バターソースを作って添える。ソースの代わりに半熟目玉焼きなら、パリ風ビフテック・アッシェになる。

# トグロを巻くブーダン・ノワール

フランスの食肉加工文化が生む数あるソーセージのなかで、日本人にはかなり特異に思えるのが血のソーセージ、ブーダン・ノワールだ。

時間をかけて柔らかく炒めた玉葱と、細かく切った豚の背脂を新鮮な豚の血に加え、小腸に詰めてクールブイヨンで茹でたもので、店の手作り感があるのは途中で縛っていないトグロ巻きのブーダン。玉葱の甘さが十分に感じられ、塩も胡椒もしっかりきいているものが何といっても旨い。パテ・ド・カンパーニュも同じで、本来リュスティック（田舎風）な食材であるシャルキュトリーは品のよさより塩がきいている方が断然美味しい。塩分を控えたければ少しだけ食べればよし。

フライパン焼きして、添えるのは焼いたリンゴ、あるいはバターを加えて潰したジャガイモのエクラゼかピュレ。それをシードルを飲みながら食べる。

これには美味しい順序があり、まずはブーダン、そのあと冷えたシードル、そしてジャガイモだ。

ブーダンの風味が残る口の中を、リンゴ酒の甘酸っぱい泡がシュパッと通り抜けるのですからね。もうおわかりでしょう、ジャガイモの後にシードルよりこの順番が一番のわけが。ブーダン・ノワールは年中食べたいものではないけれど、年に二、三度は無性に食べたくなる、それが私のブーダン・ノワールだ。

ところでブーダンは一見生ソーセージのようにも見えて、すでに加熱してあるものだ。そのままをレバーパテのようにパンに塗って食べられることはあまり知られていない。それにひと手間かけられたら、ブーダンは皮（豚の小腸）をはがして潰し、バターとマスタードを加えて練り混ぜるとなおよい。ムー・ド・レザン（圧搾した赤葡萄）を加えて作った紫色のマスタードを使えたらなおよし。あるいは一般的なディジョン風辛口マスタードにバルサミコ酢をほんの少し。ブーダン・ノワールはどちらかというと暖かい季節向きではないけれど、こんな感じのペーストをパンに塗って葉野菜やラディッシュを上に散らせば、通年で使えるアペロ向きのタルチーヌになる。

そして以下は豚の肩ロースとブーダンで作る、見た目実に本格、作り方実に簡単なパテのレシピ。ブーダン・ノワールは冷凍輸入されたものを日本でも購入できるので、ここでご紹介しておく。

## ブーダン・ノワールと豚肉のパテ

材料　ブーダン・ノワール1本、豚肩ロース150g、玉葱粗微塵切り小½個分、バター15g、塩小さじ½、胡椒適量、チリペッパー少々、バルサミコヴィネガー小さじ½、白ワイン50㎖

・ブーダン・ノワールは皮をむく。豚肩ロースは包丁でごく粗いミンチ状にする。玉葱は粗微塵に切り、色付けせずに柔らかくなるまでバターで炒める。ボウルに以上を入れ、塩、胡椒、チリペッパー、バルサミコヴィネガー、白ワインを加える。
・ブーダンをフォークで潰しながら全体を練り混ぜ、冷蔵庫に2時間おく。
・小さなテリーヌ型またはココットに詰める。ココットの場合はアルミホイルを二重にし、隙間がないようにきっちりかぶせる。
・150℃のオーブンで30分湯煎焼きする。
・丸1日冷蔵庫でねかせてから、パンにのせていただく。

# 3章　ご当地サラダの真実

頑固さんの地方料理を巡る話

# ご当地サラダの真実

ベルギー生まれの写真家 ロベール・フレソンの著作『フランス料理の源流を訪ねて』をはじめて手にしたのは1980年代半ばのことだった。それまでフランスの地方を訪れた経験は数えるほど、それも星付きレストラン訪問が目的だった私は、日焼けした肌に深くシワを刻んだ農民たちの日常の営みの中にこそ、この国の豊かな食の原点を見ることができるのだと教えられた。

いつか私もフランスの地方をくまなく旅したい、それも機械化される前の古き時代の名残が少しでも残っているうちに。その願いは90年代半ばに入って、講談社『FRaU』での連載「女の厨房は大地」によって叶えられることになる。

フランスはその国土の形からHexagone エグザゴン（六角形）とも呼ばれる。各地に伝わるご当地料理に使われる油脂は、北東は豚の脂、西と東南はバター、南はオリーヴオイル、そして南西フランスでは鴨や鵞鳥《がちょう》の脂と特徴が明確で、まさに〝頑固さんの地方料理〟。これからお話しするご当地サラダは、念願叶ったエグザゴン一周の取材で訪れた各地でのお昼ごはんである。

## サラド・リヨネーズ

美食の街といわれるリヨンの名を付けたにしてはとてもシンプルな料理だ。しかし席に運ばれた瞬間、その香りからしてとてもフランス的な印象を受けるだろう。

このサラダはリヨンやパリのカフェではよく見かけるもので、メインをとらずに一皿ですませるサラド・コンポゼ、取り合わせサラダのひとつ。ただリヨンといえばこの方というポール・ボキューズの料理書を開いてみると、サラド・ニソワーズは載っているのにサラド・リヨネーズは見当たらず。若き日のボキューズが師事したリヨンのキュイジニエールで、ミシュランの三つ星を女性ではじめて、しかも同時に二店舗でとったというウジェニ・ブラジエの料理本にも載っていない。このサラダがリヨン料理を代表するものでなかったことはどうも確かなようで、他の例にもよくある、パリで〝リヨン風〟と名を付けて人気が出たサラダなのではないだろうか。

これに使われるのはピッサンリ（たんぽぽの葉）で、炒めた生ベーコン、パンのフリット、ウ・ポシェ（ポーチドエッグ）が添えられる。たんぽぽの季節は春先から一月半ほどと短いので、同じように苦味のあるフリゼなどチコリ系の葉野菜に替えて作ることが多い。

このサラダは焼きたての生ベーコンと共にサービスするのが理想的だから、葉野菜は熱々をのせてもしなびにくいチコリ系のフリゼ、スキャロールなど。熱に弱くて葉に張りがないレタス系、日本ではサラダ菜、リーフレタスなどはこのサラダには不向きだ。

たんぽぽというと土手や原っぱに咲くあのたんぽぽの葉を思い浮かべるが、食用に栽培されたものはもっと葉が細長く、白っぽい部分が多い。一方ビオマルシェで土付きで売られているたんぽぽは野性的で風味はかなりしっかりしているから、この場合はチコリなど他の葉野菜に混ぜて使うことになる。


このサラド・リヨネーズのポイントはベーコンの調理の仕方にある。

3㎝長さくらいの拍子切りにした生ベーコンをフライパンで炒め、油が滲み出はじめたら、あらかじめ用意しておいた濡れ布巾にフライパンの底をジュジュッと一瞬付けて粗熱を取る。そして布巾から外し、赤ワインヴィネガーを適量振りかけたら再び火にかける。スープスプーン一杯ほどの水少々で鍋底を濡らして旨味を浮かせ、フライパンを振ってベーコンにからめ、火を止める。再び火にかけてからここまでは時間をかけずにアッという間だ。熱いフライパンにいきなりヴィネガーを垂らすと、蒸発する酸で目がしょぼしょぼになるから、濡れ布巾に当てる一手間は省かずに。この脂っぽく、酸っぱい熱々のベーコンで、苦味のある葉をしんなりさせて食べるところがサラド・リヨネーズの旨し理由だ。

サラド・リヨネーズに、私はヴィネグレットソースを使わない。盛り付けたサラダの葉にグレープシードオイルを回し、塩少々、ところどころに胡桃オイルをごく少量垂らし、胡椒、フリット（炒め揚げ）したパン、胡桃、そして焼きたての温かいベーコンを散らし、ウ・ポシェ（半熟のポーチドエッグ、または半熟茹で卵）を盛り付けて出来上がりだ。ベーコンにまとわせた酸味をきかせ、卵の黄身をからめながら食べるのだが、それだけのことで、これがとてもフランス的なサラダになってしまうものなのだ。

## サラド・ニソワーズ

それはモナコのパラスホテルのカフェテリアでのことだった。このような上品なところのサラド・ニソワーズってどんなかしらと興味を持って注文した私。運ばれてきた美しい盛り付けに目を落としていると、サービス係はこちらが何も尋ねもしないのにこう言った。

「本物のサラド・ニソワーズには生野菜しか使いませんのでね。火が入っているのは茹で卵だけということで」

そしてホンモノは……、と彼はまた繰り返してこう言うのだった。

「茹でたジャガイモやインゲンは使いません。皆さんがよくご存知のサラド・ニソワーズは、コート・ダジュールでもニースから離れたプロヴァンス側の食べ方なのですよ」

あらまぁ、そうなの？　きれいな盛り付けに気を取られて一瞬気づかなかったが、そうだ、いつものニソワーズとは違うではないか。

サラド・ニソワーズほどフランスから世界中に広まったサラド・コンポゼも他にないだろう。そこはニースのすぐ隣のモナコ。アメリカはじめ各国からツーリストがこのホテルにやって来ては、カフェテリアでそれこそ本物に期待して注文するのだろう。その度に彼は質問されてきたのだ。何故ジャガイモやインゲンが入っていないのかと。だからその給仕係は、問われる前にいつもの説明をしてくれたのだ。


私がニース風サラダに出合ったのは1973年だったか、東京・西麻布にオープンした「ビストロ・ド・ラ・シテ」だった。パリに料理留学する前のことだ。その当時ビストロという言葉は辻静雄さんの著書で知ってはいても、その名が付く料理店は東京に二、三軒ほどしか存在していなかったと思う。辻さんの本で読んで憧れたパリのビストロとはまさにこんな感じか、という雰囲気のその店の前菜にサラダがあったのは新鮮だった。何故なら当時サラダといえば、肉料理、とりわけステーキの後にサービスされるレタスとキュウリに甘ったるいドレッシングをかけて、缶詰のホワイトアスパラガスをありがたそうに添えたようなもので、サラダはデザート前の食後に食べるもの。ところがその店ではオードブルに出てくるご馳走風なサラダがあるというのだ。

でもその日の初体験で感激してからモナコのホンモノまでの4半世紀、どこで食べてもサラダ・ニソワーズには茹でたジャガイモとインゲンが入っていた。私の著書でも、ジャガイモとインゲン入りのレシピを何度も紹介してきたというのに、今さら急にそう言われても……。


パリに戻って調べてみると、こうなった理由は何と〝現代フランス料理の父〟とされる、かのオーギュスト・エスコフィエにあるのだという。彼はニースがあるアルプ・マルチーム県は西側のプロヴァンスに近い生まれで、エスコフィエが著した料理事典を開いてみれば、たしかにサラダ・ニソワーズの項にはのっけからトマトに続いて茹でたジャガイモとインゲンとある。ニース人は大いに反論したかっただろうが、相手が偉大なるエスコフィエとあっては鼻息も遠慮がちになり、そうしているうちにジャガイモ入りサラド・ニソワーズがパリに、そして世界に広まっていったということなのだろう。ということは、私が作り続けたサラド・ニソワーズはエスコフィエ風というありがたいお名前を頂戴することができるものなのである。

しかし本物のサラド・ニソワーズは、それこそコート・ダジュールの陽光のごとく輝かしいものであった。

使われる野菜はトマト、セロリ、キュウリ、ラディッシュ、緑のピーマン、そしてこの地ならではのフェヴェットと呼ばれる小さなそら豆、そして紫色の小さなアーティチョークはガクを切り落として芯の柔らかいところを薄切りにして生で食べる。他に添えるのはバジル、茹で卵（けっして半熟ではなく）、アンチョビ、またはアンチョビとツナの両方、そして忘れてならないのはニースの小粒黒オリーヴだ。サラダの葉を添えるならニース発祥のミックスリーフ、ムスクランを。ニンニクやマスタードはきかせずに、もし使ったとしてもほんの少々で香り付けしたヴィネグレットでいただく。フェヴェットと紫の小さなアーティチョークがあるうちが旬で、これが終わると、ホンモノのサラド・ニソワーズは食べられなくなるということだ。

## サラド・ランデーズ

リヨン風やニース風のサラド・コンポゼに比べると俄然ボリュームたっぷりなのがランド地方風サラド・ランデーズだ。リヨン料理に使われるのはバター。そしてニースではもちろんオリーヴオイル。それに対して南西フランスのフォワグラの産地で名高いランド地方といえば、鴨や鵞鳥の脂で料理したものが特徴だ。

このあたりではフォワグラの生産が盛んで、そのために飼育した鴨の胸肉はマグレ・ド・カナールといって、これはフランス人が最も好きな肉のアンケートで毎年上位にランクされるものだ。そしてもも肉の方は塩漬けして鴨や鵞鳥の脂で煮て、ご存知コンフィに加工され、陶器の壺に脂ごと入れて保存される。これはフライパンで焼いて周囲に固まった脂を溶かし、その脂でジャガイモを炒め焼きしてガルニとして食べたり、カスレやバスクの郷土料理であるポタージュ・ガルビュールに加えたりと、ランドとその近辺の地方食文化に鴨や鵞鳥の脂は欠かせないものだ。

ランド地方風サラダはリヨン風と同じくたんぽぽやチコリ系の葉野菜に、フォワグラ、スモークしたマグレ・ド・カナール、この辺りのジャンボン・ド・ペイ、すなわち田舎風の生ハム（といっても結構乾燥したタイプ）と、トウモロコシ、胡桃、そしてこのサラダを何より特徴づけるのが鴨の砂肝のコンフィだ。このサラダには、熟成シェリーヴィネガーを加えたヴィネグレットソースがよく合う。

こうして材料を見ても、これはアペロ兼メインで楽しめるボリュームサラダ。仕事途中のランチだからといってワインなしというわけにはゆかないもので、勧められたのは若めのベルジュラックの赤だった。

ところでフォワグラというと動物虐待というイメージで悲しくなる人も多いのではないだろうか。たしかに、それはそうだ。しかし私が取材したフォワグラ農家で見た光景は、主人と鴨たちとの心通う日常で、ただただ鴨を可哀想だというのは、心ある生産者とその鴨たちに気の毒な気がしたものだ。生産の現場にも色々あるだろう。だからここで多くを語ることはできないけれど、私がある時素直に感じたこのことは、皆さんにも一言伝えさせていただきたいと思う。

## ガレットといえばアンドゥイユ

ブルターニュはゲムネ Guémené のアンドゥイユ（腸詰めソーセージ）と、ロスコフ Roscoff の玉葱を包んだそば粉のガレットが、今のところ私にとってのガレットナンバーワンだ。都会のクレプリーのご馳走クレープからしたら、見た目は地味だし、ソーセージ、それも腸詰めと玉葱なんて、あえて選んで食べたとしても一度ではあまり魅力を感じない人が多いかもしれない。私だって同じものを最初にパリで食べたらこれほどのものに思えただろうか。マルセイユで感動したスープ・ド・ポワッソンを東京で同じように作っても、湿度の高い日本ではどこか臭いが鼻につくもので、レシピには工夫がいる。あのガレットの美味しさは、ブルターニュのあの店のあの暖炉で焼いてもらったからこそだったのだろうか。

旅の途中で偶然入った食堂。幸運にもそこでは暖炉の薪火でガレットを焼いていた。芯まで熱々の分厚い鉄の円盤で、香ばしい焦げ目をしっかり付けて焼いたガレットは塩味もきいて、それだけでビールやシードルのつまみになりそうな旨さだった。鉄は鉄でも私のクレープパンをガス火にかけて焼くのとはまったく異なり、道具と熱源でこれほどの違いが出るものかとびっくりした。ガレットの材料はそば粉と塩、水、卵のみだ。水の他にビールやシードルを加えることもあるが、基本は水。シンプルなものだけに、何でどう焼くかの違いは大きい。

ゲムネのアンドゥイユ(*1)はブルターニュの名産品で、豚の大腸を細長く巻いてそれをまた大腸に詰め、ブナの木でスモークしたもので、表面は燻煙で黒ずみ、切り口が渦巻きになっているのが特徴。大腸以外に豚の胃や喉肉、時には仔牛の腸間膜も混ぜて腸詰めにする、旧シャンパーニュ地方はトロワのアンドゥイユとは見た目から味わいまでまったく別ものだ。そして大西洋に面したロスコフの玉葱。フランスの玉葱は土地によって特徴があり品種も多いが、ロスコフは赤玉葱ともまた違うオニオン・ロゼで、うっすら紫がかり、ジューシーで甘味がある。水分が多いのですぐに火が通るのも特徴だ。

鉄盤にガレットの生地をのばしたところにマスタードを塗り、玉葱の薄切りを散らし、アンドゥイユを並べて生地をたたむ。地元の食材同士で引き立て合い、しっとりとした玉葱の甘さで腸詰めが生き生きと目覚めたような味わいで、香ばしいそば粉の焦げ味がたつガレットにはよく合うのだった。そしてこれにはワインではなくシードルだ。冬の寒さが厳しいブルターニュでは、ガラスの口当たりの冷たさを避けて、陶器のカップに冷えたシードルを入れて飲むのが伝統だ。

隣の席で、ここまで来てガレットを食べるならアンドゥイユをと勧めてくれた村人は、自分はバターで炒めたほうれん草と卵のガレットが好きなのだとか、コンプレ（*2）にパリではグリュイエールとかエメンタールを使うらしいが、うちでは土地もののチーズ、プチ・ブルトンだとか、朝ごはんにはロバのミルク（*3）にちぎったガレットを浸して砂糖をかけて食べるとか、終始楽しげに色々教えてくれたものだった。

*1　Andouille は豚の大腸に腸詰めしたもの、Andouillette は小腸の腸詰め。
*2　Galette complète クレプリーの食事用ガレットではおそらく一番人気。薄切りハムと卵とグリュイエール、またはエメンタール。
*3　Lait d'ânesse　ロバのミルク。牛乳に比べて糖が多く脂肪が少ない。牛、馬、羊、山羊の乳に比べて人の母乳に一番近い。

## 朝のバター、夜のバター

ブルターニュのオーベルジュに滞在した時のことだ。席について朝食のサービスを待っていると、厨房の方からシェフとマダムが軽く言い争いする声が聞こえてきた。少しして現れたマダムは、にこやかにカフェをテーブルに並べながら、やれやれ困ったものといった表情でこう言った。

「一年中毎日、来る日も来る日も、夫がシェフ、シェフが夫というのは、本当に大変なものなのよ！」

まぁ、それはよくわかる気がする。二つ星レストランをかかえるオーベルジュを舞台に夫婦で朝から晩まで一緒に仕事しているのだもの。料理人は常に時間勝負で働くものだから、どうしたって気も短くなるだろうし。

「私がうっかり朝食用のバターを注文していなかったので。ということでこれはディナー用のバターですけれど」

ほぉ、朝用のバターと夜用のバター、ですか！

聞けば朝は農家産の生バター、夜はブール・ラフィネ、つまり低温殺菌バターと、わざわざ使い分けしているのだという。このこだわりはさすがだ。搾りたての生乳からクレームを分離させて無殺菌で作るバターは風味濃厚で、朝のタルチーヌ向き。蜂蜜やコンフィチュールをのせて食べるのには断然生バターが美味しい。作りたてのものをと注文はマメにしているのだろう。このレストランで使う仔豚を育てている農家で分けてもらっているという。そして夕食時にはブール・ラフィネ。〝洗練されたバター〟という意味の通り、低温殺菌クレームから作られたバターの方が料理の風味を邪魔せずにディナーには相応しいということだったのだ。

パリの朝市などで農家産生バターと聞いて、それはそれはと喜んで買って失敗した例はいくつもある。口に含んで溶かすと乳臭いばかりで、自分がお母さん牛のそばにいる仔牛になったような味がするのだ。人に推薦されたものなら別だが、はじめは少量買って味見をするか、パッケージされてスーパーなどで売っているBeurre cru（生バター）を買うのが無難だ。生バターは日持ちがしないから冷蔵しても劣化しやすい。日本へのお土産にと考えるなら、持ち運びですでにダメージを受けているとして最長2週間、できるだけ早いうちに食べ切るほうがよい。それが難しければ冷凍保存だ。そうです、だから日本に持ち帰って、大切に大切に、少〜しずつ食べたりしないように。

ところで朝と夜の間、おやつ時のバターの食べ方もご紹介したい。パンに無塩バターを厚めに、塗るのではなく、のせて（生バターでなくてもよい）、そこに半分に切った完熟苺を置いて砂糖を振りかけるバター苺のタルチーヌだ。砂糖を振ってから数分おいて苺の表面が少ししっとりしてきたら食べ頃。日本の食パンでは水っぽくて柔らか過ぎで、かといってクルートがよく焼けてバリバリしたバゲットだと歯ごたえがあり過ぎて生の苺には不向きだ。変な言い方だが、クルートの焼きが浅いバゲットを選んで。苺とバタークリームのお菓子、フレジェールが好きな人は多いと思うが、このタルチーヌはその代わりになるといってもよい、目からウロコの美味しさだろう。

## 旨しパテ・ド・カンパーニュの正体は

ナイフを突き刺して型ごとドンとテーブルに置いて「ア・ヴォロンテ！」。お好きなだけどうぞ、とサービスされるパテ・ド・カンパーニュ。表面は濃いカラメル色に焦げ、縁にはゼリー状に固まった肉汁がジュルッとたまり、不均一な大きさの肉片と脂でねっとりとして見える断面はいかにも美味しそうだ。目で見るだけでも複雑な旨味が香ってくるような強烈な存在感。

この肉片の塊の中で渾然とひしめき合っているものの正体は？　そして重要なのは材料ばかりでなく当然焼成にもある。焦げ過ぎの一歩手前までいった表面の肉、その焼き縮んで強調された塩気。対する中心部のねっとりとした食感と味わい。元は同じ肉の生地なのに焼き方で外と内のこの違い。オーブンにもよるのだろうけれど、これは一朝一夕ではとても真似できない職人技だ。

パリに暮らして、自分で作らずに買うに限るもののひとつがパテ・ド・カンパーニュだ。冷凍庫で保存していた残り肉を集めて叩いて、始末の料理でパテを作ったこともあるが、どうしたところでその程度の材料では焼き上がりの香りからして大違い。それでも期待して何日か冷蔵庫でねかせ、いよいよ食べ頃かとナイフを入れ、端っこの一口を味見すると、やっぱり違うなぁ……いや、あのパテとは、当たり前だけど、まったく違う……とがっかりすることになる。家で残り肉を使って作るならパテよりもシューファルシなどの詰め物料理がよいところだ。

その、忘れがたいパテとは？

それは旅先のサン・マロのマルシェで味見したパテ・ド・カンパーニュで、その美味しさに感激してアトリエを訪問させてもらうことに。原料は生後10ヶ月の、余分な脂肪のないまだ若い豚。地元産のキャベツやジャガイモ、アンディーヴ（ベルギーチコリ）など、人と同じものを食べさせ、チーズ作りで残った乳清を飲み水に与えて育てるところから手がけているのだという。

そこでパテの仕込みを見せてもらい、味覚が揺さぶられるその旨味の理由は、豚の肉や内臓ばかりでなく、心臓や耳、鼻、脚など、一頭の豚のほぼすべてを使い切ってこそのものとわかった。

大鍋の中でグツグツ煮込まれたゼラチン質たっぷりの頭肉をほぐして加え、ニンニクと玉葱、地元ゲランドの海の自然塩と胡椒だけで味付け。パリのシャルキュトリーやレストランでもなかなか敵わないその美味しさは、酪農家が清潔な環境で愛情深く育てた豚を使って、彼ら自身が作ったパテだったからなのだ。

ところで、テリーヌ型で作るのに何故パテ・ド・カンパーニュなのか、パテ・アン・クルートのように小麦粉のパートで包んでいないのに何故パテ・ド・カンパーニュなのだと質問すると、あ、そういうことで！　というお答えが。肉を細かく挽いて作るとテリーヌで、粗く叩いて作ればパテ、なのだと。本当にそれでよいのかしら？

# 顎が疲れるクリュディテの話

旅先のプロヴァンスでのこと、そのビストロの昼定食は選択なしでお決まりのムニュひとつのみ。テーブルにはすでにその日のワインがボトルで置かれて、飲んだ分だけを目視で適当に請求される、お好きなだけどうぞ形式のカジュアルな店だ。

席に着くなり待ってましたとばかりに早速運ばれたのは、ぽってりとした大きな陶器のボウルに、ほぼ原型のままぎっしり盛り付けられた新鮮な生野菜たち。でもこれだけ？とボウルの中を覗き込むと、ありました、殻付き卵がコロンと人数分。

黒板にはCrudités Provençale（プロヴァンス風クリュディテ）の文字。この生野菜を、すり潰したニンニクとアンチョビ、オリーヴオイルのソース、アンショワイヤードで食べるのだ。

普通クリュディテといったら、根菜はバトン状にカットしてあるとか、スライスや千切りの状態で、もうちょっとは料理らしくサービスされるものなのだが、それはほぼ畑から直送の姿だ。

生でも食べられる小さなアーティチョーク（ヴィオレ・ド・プロヴァンス）、人参、クルジェット、白ナス、ウイキョウ、トマト、それにアンショワイヤードには特によく合う柔らかそうなカリフラワーがあるのも嬉しい。これを各自皿に取り、切れない卓上ナイフの刃をグイッと入れて食べやすい大きさに切り……、とそこまでで結構時間もかかるのだからして、空いたお腹には待ち遠しくてたまらず。そこでつい力を入れて硬い野菜にナイフを入れようものなら、カチンカチンと刃が皿に当たり、石造りで天井高のある店内によく響くことといったら！

あ、またカチンってやっちゃった。あ、あなたもまたカチン。

それにしても、カリカリ、コリコリ、カリカリ、コリコリって、永遠と生野菜を食べ続けるのには時間もかかるし、顎が疲れるしで会話もできず、茹で卵でようやく一息つけたのだった。

食べ終わった皿の上には、小さな野菜くずと細かくなった茹で卵の残りが少し。そこに塩を振り、卓上のオリーヴオイルをひと回しする。ちぎったパンでそれらを集めて食べる。何にも代え難い美味しい記憶となって今もそれを時折思い出す。

クリュディテとは生野菜のこと。生でも葉野菜の場合はクリュディテではなく〝サラド〟と呼ばれる。葉野菜や茹で野菜にハム、ツナ、チーズ、卵など色々取り混ぜると〝サラド・コンポゼ（取り合わせサラダ）〟だ。

## 鱈《たら》は偉い魚です

日本では魚の中でも格下に思われがちな鱈。フランスに旅してレストランでわざわざ鱈料理を注文する人は少ないだろう。それだけに高級店のカルトにキャビオ（生鱈）があったら、それはあえて注文する価値がありそうと、私なら迷わずそれを選ぶのではないだろうか。何しろ私は鱈好きなものですから。

シャンゼリゼ界隈、パリの中心地にありながら庭付きの美しいレストランでのことだ。70歳過ぎたと思われる老練なサービス係のエレガントな対応に惚れ惚れしながら、私が選んだメインディッシュは生鱈だった。

中心部分の厚みは4㎝はあろう切り身のローストで、ごく薄くスライスしたイベリコハムを半乾燥させたものが上にひらりと。ナイフを入れると生鱈独特の水分を含んだツルッとした手応え。ギリギリの火入れで中心部分の身はほんのり透き通った感じに焼き上がっている。肉でいえば仔牛とかフィレミニョン（豚のフィレ肉）の焼き加減。これが肉なら肉汁だが、それにあたる旨味の水分がゆき渡って、それは美味しい一皿だった。このように生鱈は生ハムや豚バラの燻製、塩漬けの豚背脂、チョリソなどがよく合うもので、日本の鱈料理との違いを体験するのはおすすめだ。

鱈が偉い魚なのは、塩漬け、乾燥、燻製と保存法を変えて、七つの海を越えどこまでも、世界中の食卓で重宝されているからだ。その昔北欧の船は北の海の鱈を積んで海風に当てながら乾燥させ、物々交換のためにプロヴァンスのニームやコート・ダジュールのニースに寄港した。彼らが差し出したのは干鱈で、交換したのは塩やオリーヴオイルだったという。北欧は日照時間が極端に短いので塩は貴重品。一方で地中海に面したその辺りには塩が豊富にあったということだ。それがやがて、持ち帰った塩で生鱈を保存して地中海の港町に寄港。その塩鱈をもどして作るアイオリやブランダードはそのあたりからの歴史なのだ。

塩鱈から作るブランダード・ド・モリュという料理がある。ところがこれがパリ風とプロヴァンス風では大違い。

まず私にはお馴染みだったパリ風のブランダード。この場合は塩抜きした鱈をローリエとタイム、ニンニクを加えた牛乳で煮て皮と骨を取り除き、細かくほぐす。これを潰した茹でジャガイモに加え、鱈を煮た牛乳、それに生クリーム、バターも加え混ぜ、浅い焼き皿に盛り付ける。最後にパン粉とバターを散らし、高温のオーブンでこんがり焼き上げる。これはカフェやレストランのカルトにはない、まさしくビストロ料理で、たいていグリーンサラダが一緒にサービスされる。ブランダードはどこを突いても、いくら食べてもずっと同じ味だから、正直食べ飽きるのが早い。それでも塩鱈、ジャガイモ、クリームにバターと、フランスならではの食材だからこその醍醐味を楽しめる料理だ。

ところがブランダード発祥の地プロヴァンスではこれがまったく違う。ニームのある惣菜店では茹でてほぐした塩鱈にオリーヴオイルを加えて練り混ぜた真っ白いブランダードで、それはパンにのせて食べる魚のリエットといったところだ。ジャガイモが入らないのが本流なのだという。ところが立ち寄った同じ街のレストランで隣の客が食べているのを見ると、それがジャガイモ入り。そしてそこからもっと東、コート・ダジュールの別の店では粗く潰したジャガイモに塩鱈のほぐし身とオリーヴオイルを加えたポテトサラダ風。キュウリを薄くスライスしてカルパッチョにした上に盛り付けられて、グレープフルーツも。その上からさらにオリーヴオイルが回してあったのだが、これが一番日本人好みだろう。

このようにかくもさまざまなブランダードだけれど、カマルグの海の塩との物々交換から、天日干しの干鱈に代わって塩鱈が一般的になったというニームにこそ本流あり、ということだろう。

## 睨みをきかせたカサゴのブイヤベース

早朝のマルセイユ、ヴューー・ポール（旧港）には、漁から帰り着いた小型漁船が次々に入港し、どの船も水色のプール型仮設スタンドを堤防に並べ、その日の釣果をお客たちに品定めさせているところだった。買い物籠を下げて一つひとつゆっくり見て回るご婦人。バケツを手になかなか決めずに何度も堤防を往復しているムッシュは生きた魚を持ち帰るつもりだ。

そんななかで、店巡りせずに海の向こうを見つめ、馴染みの船が戻ってくるのを今か今かと待っている小さな集団もある。お目当ての船が帰港すると、漁師たちがスタンドを設置するのをそわそわと見守る。そしていよいよ船の生簀からバケツに移された魚たちが水しぶきを上げ、もんどり打ちながら放たれるや、皆で一斉に魚を選びはじめる。はねた海水で服を濡らすことを気にしていては後れを取ることを誰もが知っている。

ブイヤベースのスープに深みを出す大アナゴが生きたままバンバンぶつ切りにされる。アンコウは獰猛な目をこちらに向けて大口をカッと開き、覗き込むと喉ちんこがヒクヒクしている。マトダイにヒメジ、ホウボウ、きれいに開花した紫色の花のように見えるウニなどを種別に並べたスタンドもあるなかで、やはり目を引くのはポワッソン・ド・ロッシュと呼ばれる岩魚たちだ。そう、マルセイユ名物のブイヤベースに欠かせない、いかにも味わい濃そうで凄みがきいた形相の魚たち。なかでもこれなくしてブイヤベースは語れないのがラスカス（カサゴ）だ。何といっても睨みのきいた圧巻の存在感で、陸で待ち構えていた漁師の女房の見事な客さばきで売られてゆく。その後ろで仕事を終えた海の男たちの笑顔が満足げだ。

湾に面したレストランでは店に入ってすぐ目の前の陳列台でその日の魚が出迎える。そこでブイヤベースにしてほしい魚を客は選ぶのだ。この料理、日本では魚にエビやイカ、貝なども加えた取り合わせ魚介のスープ煮と思われることが多いが、ご当地ではサフランで染まった濃厚な魚のスープでフィレにおろした魚を、煮込むのではなく、さっと火を通して作る。日本料理の魚の煮付けも、毎日仕込む料理屋では煮汁を次の日に持ち回して旨味をあげて使うのに似ている。もともとは釣果に恵まれない漁師がその日にとれた雑魚でスープを作ったことに始まるブイヤベースだが、現在はそのスープで魚を軽く煮て食べる高級料理だ。

テーブルに運ばれた濃いオレンジ色のスープには薄切りパンと薬味ソースが添えられる。この店ではニンニク味のマヨネーズ、アイオリと、赤唐辛子風味のルイユの二種がサービスされ、これをパンに塗ってスープに浸し、ふやかして食べる。そうするうちに入店時に選んだ魚を厨房のスープで茹でたものが運ばれる。それを卓上のスープが入った深皿に移して、塩味もしっかり、旨味のきいたスープをソースにして食べるというわけだ。海風の匂いをまとわせて、地元カシのロゼを飲みながら。

ところでこの店でアントレとして食べた小さなヤリイカのフリット、それが格別美味しかったことが忘れられない。どうということもない、イカを輪切りにして薄い衣をつけてカラッと揚げたものにレモンを搾りかけて食べるだけ。イカも確かに美味しいけれどそれだけではない、何かが違う。

さて、その答えはレモンですよ、レモン！　フリットに搾りかけるレモン果汁が違ったのだ。ただ酸っぱいだけではない、完熟だからこその甘みある美味しさ。その辺りにはレモンで知られる街、マントンがある。皮が厚い無骨な形で、切り口から盛り上がって見える果肉のつぶつぶは大きく膨らんで、すでによく熟していることがわかる。指でつまんで力も入れずに軽くプレスすれば、ジュッと果汁が滴り落ちる。とても身近な果物なのに、案外知られていないのが、レモンの本当の美味しさなのではないだろうか。

## 暖炉でパチパチ丸ごとトリュフ

いつ頃までのことか、夏が過ぎるとアパートの玄関ホールに「煙突掃除します」の張り紙を見かけたものだ。パリの Ramoneur（ラモナー）、煙突掃除人はサヴォワ地方出身者の仕事と決まっていて、ブラシを巻きつけた長いワイヤーをぐるぐる巻いて肩にかけて屋根に登る人、室内にいて落ちるススを集める人の二人一組で働いていた。屋根の上にはアパート中の暖炉の数だけ煙突が並んでいるのだが、どの煙突がわが家のサロンの暖炉なのか、どうやら印も何もないらしい。

そこで上に登った人は煙突に端から顔を突っ込んでオオ〜！と叫ぶ。一方、下の相棒は暖炉に顔を突っ込んで、上からオオ〜！と聞こえると、よっし、つながった、というわけで、ここだよ〜、オオ〜！と下から大声を返すのだった。

暖炉を使いたかったら煙突掃除は必須で、アパート管理会社は掃除済みの証書を住人に求めたものだった。それがやがて建物をススで汚し火事の原因にもなるということで、パリ市は住居での暖炉使用を禁じ、アパートの室内で薪を燃やすことはもはやできなくなった。それだけに地方を旅して宿泊先やレストランで薪が燃えはぜる音と香りに出迎えられるのは、この上ないもてなしに思えるのだ。

サヴォワの山の家を訪ねた時のこと、食堂と台所は独立して隔たれた二間で、暖炉は二方向から一つの煙突を共通に使えるようになっていた。台所側では火のそばに置いた鉄のココット鍋から湯気が立ち上り、薪から少し離れたところにホイルに包まれて置いてあるのはビーツ。そして食堂側ではこれで暖をとるわけだが、煙突の内側には自家製ソーセージがぶら下がっている。底に丸い穴をいくつも開けた鍋で栗を焼き、鉄ごてを炎で熱々にしてラクレットを溶かすのもこの暖炉なのだろう。硬くなった田舎パンにニンニクをこすりつけ、焼き皿に並べてロースト肉の下に置いておけば、滴り落ちる肉汁や脂がパンに染み込んで、それに塩と刻みパセリを振れば一品になるのだと教えてもらった。

壁にはパリの蚤の市で時々見かける、長い柄付きで穴が開いたドラのような形のChauffe lit（ショッフ・リ）が飾ってある。これは20世紀半ば頃までは暖炉の熾火《おきび》を入れてベッドを温めるのに使っていたものだ。最後に残った灰は作物の肥料に、また雌鶏の餌に少量混ぜると卵の殻が丈夫になり、産卵期間が長くなるのだという。

忘れられない暖炉料理といえば、黒トリュフの背脂包み焼きだ。

それは南西フランス、カオールでのこと。ピンポン玉くらいの黒トリュフに豚の背脂を巻き付け、二重にしたアルミホイルで包み、暖炉の火のそばに置いて20分ほど焼いたもの。背脂が溶けてパチパチと音が聞こえてくると焼き上がりで、ホイルを開くと焦げはじめた脂の下から怪しげに黒光りするトリュフが顔を出す。背脂をほどいてフルール・ド・セル（塩の華）を振り、ジャガイモとマーシュのサラダを添えて食べる。溶けてホイルに残った脂も貴重だ。これにはトリュフの香りが十分に移っているから、それをパンに染み込ませればおつまみになる。

薄く削って表面積を増やせばトリュフの香りはせいぜい立つが、そうして食べるのが一番というものではない。あの薄くスリスリは、冷たければまだよいのだけれど、料理に温められて生温かいと少々下品な風味になりかねない。トリュフは口に入れる前に鼻先で香りを目いっぱい感じるより、自分で噛み砕いて口中で香りを立ててこそのもの。スリスリ薄切りトリュフ10枚なら、その10枚分の厚さで切ったトリュフ1枚をバター付きパンにのせて塩の華を振って食べるほうがよい。

ペリゴールにトリュフ、フォワグラといえばこの方という料理上手なご婦人を訪ねた時のことだ。故ミッテラン大統領のプライベート料理人としてエリゼ宮で働き、映画『大統領の料理人』のモデルにもなったダニエル・マゼ＝デルプーさんだ。150年以上前から続くという農家の家畜小屋を改装した台所続きの食堂に入ると囲炉裏型暖炉が中心にあり、暖炉脇の石壁には芳香剤代わりのオレンジの皮がいくつも下がっている。

その暖炉でダニエルさんが作っていたのは黒トリュフを包んだ仔兎のココット蒸し焼

き。肉を強火で焼き付ける時には鉄の棒を鍋の縁に引っ掛けて火のそばに押し付け、肉によい色が付いたら炎から離れたところに鍋を移して弱火状態にする。生牡蠣を並べた焼き皿は三つ足で高さがある鉄の鍋置きにのせ、炎の力が程よい位置で軽く火を通す。三面を石壁に囲まれて輻射熱を利用して調理する暖炉とは違う、開放型暖炉の調理法を見せていただけたのだった。

トリュフは薄くヒラヒラと切るものではないのよ。厚く切って、自分自身で噛んで香りを立ててこそのもの。

そう語ってくれたのは、実はこの方だったのである。

# さとうきび畑のフランス

真冬のドゴール空港からニューヨーク経由で到着したのはフランス海外県のひとつ、グアドループのポワン・タ・ピートル空港だった。その当時はタラップを降りてターミナルビルまで歩いて2〜3分という小さなエアポートだ。地上に降り立ったツアー客たちは防寒コートをどこにつめ込んだのか、すでに身軽な半袖の夏スタイル。機内のどこにいたのか、犬がしっぽをフリフリ上機嫌な足取りで何匹もタラップを降りてくる。道中クンともキャンとも鳴かずに、何てお利口さんだったこと！　リムジンでホテルまで向かうと、道路脇の看板でビーチサンダルにTシャツの陽気なサンタが出迎える。

15世紀にコロンブスによって発見され名付けられたというグアドループは、キューバの南東、カリブ海に浮かぶ西インド諸島のひとつだ。サッカーにはそれほど興味がなかった私が、異なる人種で構成されたフランスナショナルチームの活躍でこの国の在り方を理解し、優勝を心から祝福した1998年サッカーワールドカップフランス大会。その時ジダンや、デシャン、アンリ、カランブーらとともにディフェンダーとして活躍したあのリリアン・チュラム選手の故郷だ。それにしてもサッカーの力はすごい。この私が未だに選手たちの顔も名前も覚えているというのだから。

南国グアドループでの休日はまったりという言葉がぴったりな日々だった。朝食をとるホテルのプールサイドでは、朝早くからラム酒のカクテルを飲む男たちがラテンのダンス音楽に合わせて体を揺らしている。海岸を散歩すると、パリの朝市のクレオール料理スタンドでも見憶えのある格子柄の服を着たカフェ・オ・レ色の肌の女性たちが、バナナの葉を敷いた籠に盛り付けたスナックを売り歩いている。アクラ・ド・モリュだ。茹でた塩鱈をほぐして玉葱などを混ぜて小さく丸め、衣を付けて揚げたもので、一見するとさつま揚げのようだ。トマト、生姜、青唐辛子、ライム果汁が入った、さらっとしたスパイシーなソースにつけて食べる。それはベトナム料理の揚げ春巻きに添えるソースの味違いといった感じのものだ。

そして夕食に食べたのはコロンボという、インド風とはまったく別の辛くないスパイシーカレー。青唐辛子の風味がする茹で米を添えて。デザートは赤い皮のバナヌ・ローズのカラメリゼで、これはバターで焼いてオレンジ果汁とホワイトラムを振りかけ、煮詰めからめてナツメグや赤胡椒を振ったもの。この赤いバナナは実に美味しい。これより皮がさらに赤いバナヌ・ルージュもあり、こちらは一見すると細めのさつま芋のようだ。

フランス本土から遠く離れていてもそこは海外県。通貨はもちろん同じ、その当時はフランスフランだった。田舎の郵便局くらいのカラフルな小さな平屋に、パリで見慣れたソシエテ・ジェネラル銀行の看板が掲げられているのだが、その背景が延々とさとうきび畑。

いつもの銀行カードでお金をおろそうとしたら「額が多過ぎます！」とビックリマーク付きで表示され、そんなわけはない、いつも本土でおろしている金額と同じくらいなのに、数字の打ち間違いかと思い、やり直してもやはり「額が多過ぎます！」。ようやくこの地とフランス本土の物価の違いを思い知るのだった。

フランスにはグアドループのような海外県が5つあり、その他に独自の法体系を有する海外準県がある。南太平洋のフランス領ポリネシアのタヒチやニューカレドニアは、フランス海外共同体に属す。現在では完全にフランスから独立したインド洋のマダガスカルやインドのポンディシェリ（プドゥッチェーリ）は旧植民地だ。ヨーロッパの他の大国との間で領土争いを繰り返す歴史の末に、これらの海外領土や保護領、関係の深い国や地域からフランスはさとうきび、カカオ、コーヒー、スパイス、ヴァニラ、お茶など、フランス料理やフランス菓子には欠かせない素材を手に入れることができるのだから、何とも羨ましいというか、ワタシら日本とはそこがだいぶ違いますなぁ、というか。日本でもお馴染みの鸚鵡《おうむ》マークの砂糖は、カリブの島のさとうきびを原料にしたフランス国産だ。日本から思うフランスは未だにパリ止まりのようだけれど、地球上の宝石のように輝くパリの食はフランスの地方が支え、それは本土から遥かに遠い海の向こうにも広がっていることに思いを馳せたいものだ。

## ヴァカンス先の子供テーブル

フランス人の子供の食卓での行儀のよさにはいつも感心する。大人たちの会話に割り込まず、何か話したい時には了解を得てから口を開く。食卓で子供扱いされることなく、大人の話を聞いて育つ。たとえ内容を全部理解できなくても、同等にテーブルについている誇らしさは子供を成長させるうえで大切なことのひとつなのだろう。

日本の子供が場所をわきまえずに周囲の気をひきつけて我が物顔になるのは、普段から何をおいても子供を中心にし過ぎる大人たちに責任がある。

イタリアとの国境に近いアヌシー湖畔の宿で休暇を過ごした時のことだ。当時ミシュランでは二つ星を付けていたそのオーベルジュのレストランで席につくと、厨房に近い後方に小さな子供だけの丸いテーブルがあることに気がついた。全部で5人だったと思う。一番のおチビさんは4歳くらい、一番年長の女の子は12歳くらいだっただろうか、子供たちだけで静かに行儀よく食事をしているのだ。親たちがすぐ近くにいる様子はなく、どこにいるのかしばらく不明だったのだが、その子供テーブルのサービス係の様子で、湖に面した特等席で食事する二組の夫婦がその子たちの親であることがわかった。

小さな子連れの休暇先で、まぁ、何と素敵なこと！　親たちは子供席の様子を気にする様子もなく、すっかり寛いで食事中だ。これが日本人だったら、チラチラ子供たちの方を見てはお手振りしたりするのではないだろうか。サービス係を呼びつけて、ご迷惑お掛けしておりません？　なんて言ってみたり。完璧な信頼関係がすでに出来上がっている二組の親子にはすっかり感服したものだ。

子供テーブルの食事がすむと、一番年上の女の子がサービス係の誘導で親のテーブルに挨拶にゆき、他の子たちを連れて部屋に戻っていった。

それにしてもレストランの対応だって素晴らしいではないか。子供相手でも大人に対するのと同じサービス同じリズムで変わりがないから、そのテーブルだけが目立つことはない。これが日本だったら、食事の待ち時間にどうぞと塗り絵を用意したり、お子様グッズを何か与えてみたり。それを親は気の利いたサービスといって喜ぶのだろうなぁ。

## 湖を泳いで朝食に

コンフィチュールの甘い匂いに引き寄せられてブンブン集まってくる蜂たちを、どう追い払ったものかと奮闘しながら朝食をとっていると、こちらに向かって一直線に湖を泳いでくる人がある。対岸には桟橋のある別荘が並んでいるから、おそらくそのうちの一軒の人なのだろう。湖を囲むサヴォワの山々から何本もの河川が流れ込む、ヨーロッパでも屈指の透明度といわれるアヌシー湖。8月といっても水温はかなり低いはずだ。

船着場に泳ぎ着いたその女性は慣れた感じで桟橋に上がり、水を滴らせながら空いているテーブルに向かう。ホテルの従業員がバスタオルを手に出迎える。彼女はここの馴染み客で泳いで朝食を食べに来たのだ。フランス人はこんなふうに休暇を過ごすのかと私はすっかり感心した。湖岸に寄ってきた白鳥にパンくずをやるのがせいぜいの私たちって、幼稚園児か小学生の夏休みみたいではないかと思ったものだ。

休暇先で有料のアミューズメント施設を利用したり、人集めの祭りに連れていかれることなく育つフランス人には身についた休暇の過ごし方なのだろう。ヴィエノワズリ（甘いクロワッサンなど）と飲み物程度の軽い食事を終えたその人は、お会計はきっと後でまとめてなのだろう、水しぶきをほとんど上げずにきれいに湖に飛び込み、家に帰っていったのだった。

前の晩の子供テーブルに引き続き、旅先でフランス人には負けるの巻。

ところで何故アヌシー湖に来たのかというと、ひとつにはこの湖でとれるオンブル・シュヴァリエ（アルプスイワナ）という、何やら高貴な名前の魚を一度ここで食してみたかったからだ。サーモンやマスと同じサケ属の淡水魚で、北米がルーツ。湧き水で水温が低い湖底付近に生息するという。体長30㎝ほどで、背は淡いグレーに白い斑点があり、お腹側はオレンジがかっているのが特徴だ。ほとんど水流がない静かな湖底が棲家で、サケやマスに比べると運動量が少ないだけに胸が膨らんだグラマラスな体型だ。身の色はサケ・マスより淡く明るいオレンジ色で、加熱するとふわっとした大変繊細なテクスチュアで、最もノーブルな淡水魚といわれる。旬は5月から9月くらいまで。パリの鮮魚店で見かけることは滅多にない。

# 4章　家庭料理はポポポのポ

本当に美味しいものは家にある

# 家庭料理はポポポのポ

ひと鍋でブイヨン、茹で肉、付け合わせ野菜が同時にできるポトフは、その名の通り、鍋＝ポ（pot）に牛肉、野菜、水を入れて火（feu）にかけて、素材から引き出される旨味だけで出来上がる料理だ。

一方ポトフの豚肉版はポテで、Pot en terre（陶製のポット）で煮込んだことからこの名が付いている。塩漬け豚肉と土地のソーセージなど豚肉加工品と野菜や豆を煮込むもので、いずれも〝ポ〟ひとつで作れるシンプル料理の原点。一皿の構成要素一つひとつに手をかけるガストロノミー・キュイジーヌの対極にあるもので、合理的なフランス家庭料理の魅力を伝えるのに相応しい二大鍋料理だ。茹で肉のことを〝ブイイ〟と愛称で呼び、鍋底に残った野菜やひと匙のブイヨンも工夫して使い切るのは家庭料理ならではだ。

そしてデザートの〝ポ〟といえば、最も基本的な材料、卵、牛乳、砂糖で作るポ・ド・クレーム。もともとは蓋付きの陶器の〝ポ〟に卵生地を流して蒸し焼きしたもので、クレーム・ランヴェルセ・オ・カラメルのように皿に返す必要がない気楽なプリン。リキュールでのばしたコンフィチュールのトッピングなどで何通りにも楽しめるものだ。

## ポトフ

日本でフランス料理はすっかり身近なものになったけれど、それでもどれだけの人がポトフを食べたことがあるだろう。フランス家庭料理のイメージはあっても、写真で見ただけとか、いつか食べたあれって、フランス人が家で食べているのと同じ本来のポトフだったのかなと疑問に思う方もあるだろう。レストランで何度食事をしてもポトフにはなかなか出合えない。たいていはじめてのフランス料理がすでに手の込んだご馳走だったりするのだから。

家で作るポトフに使うのは基本的に牛肉だ。

Paleron / Macreuse（肩ロース）、Gîte（すね肉）、Joeu de bœuf（頬肉）、Tendron（腹肉）、Plat de côte（上腹肉）などからゼラチン質の多い部位、脂身を含む部位をできれば混ぜて作る。茹で肉やブイヨンは一度に食べ切らずに翌日以降も色々な料理に活用する楽しみがあるから、同じ時間をかけるなら一度にたくさんの量を作りたい。肉に加えて煮込むのは人参、コールラビ、セロリアック、パースニップ、パセリの根っこなど主に根菜。そしてポトフには付きもののジャガイモ、これはブイヨンの風味を損ない濁らせる原因にもなるため要注意だ。実はこのジャガイモが朴訥な善人に見えて案外くわせもの。作ってその日に食べ切るならばまだよいが、残して冷蔵庫に入れておくと、翌日にはせっかくのブイヨンもジャガイモ自体も不味くなっていることに気づくだろう。そう、なんて芋はイモなんだ！　と恨めしく思うことになりかねない。ということでジャガイモは別鍋に適量取ったブイヨンを薄めて茹でるのがおすすめだ。

そしてポトフといえば、不可欠なのがOs à moelle（オス・ア・モアル、骨髄）。ぶつ切りにした仔牛のすね骨を水にさらして血抜きし、ポトフが煮上がる15分前に鍋に加えて煮る。その切り口に塩を振り、モカスプーンで髄をつついてほじり出し、それをトーストしたパンにのせ、胡椒を散らして食べるのだ。はじめこそ、こうまでして骨の髄を食べるのかと抵抗感があったものだけれど、それがどうして、きちんと処理して調理すれば実に旨いもので、食事はじめの空腹時には格別だ。赤身が多いポトフのブイイ（茹で肉）なら、それにバターのように骨髄をのせて潰して食べるのも乙なものだ。

■ポトフの食べ方例

・骨髄とトーストパンで始めて、次にブイヨンに煮崩れた野菜少しと香草を入れていただき、最後に茹で肉と野菜。マスタードとコルニションを添えるか、ラヴィゴットソースで。

・ブイヨンに香ばしく焼いたクルトンを浸して食べ、次に茹で肉と野菜、骨髄。マスタードとコルニションを添えるか、ラヴィゴットソースで。

・骨髄とパンで始めて、次に茹で肉と野菜を私風特製ポトフソースで。ブイヨンはデミタスに一杯だけにして、残りは翌日以降に（ちなみにこれが私のパターン）。

**ラヴィゴットソース**

エシャロット、シブレット、セルフィーユ、エストラゴン、イタリアンパセリ、ケッパー、以上の微塵切りとマスタード、白ワインヴィネガー、ひまわり油など植物油を混ぜ合わせたもの。

**私風特製ポトフソース**

ポトフのブイヨンを半量近くなるまで濃く煮詰め、そこにフレッシュクリームとエストラゴンの微塵切りを加えてさらに煮詰め、最後に辛口マスタードを加えたもの（これはステーキのソースにもなる）。

うちではポトフ専用となっている大鍋はドイツBerndes製。6リットルの深鍋だが、片手で容易に取り扱えるほどの軽さでありながら驚きの熱伝導のよさ。肉を紐で吊るしているのは、部位が異なる肉ごとの煮込み時間に応じて、途中でも取り出しやすいようにということで。

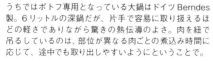

■残ったポトフで作る料理色々

*私の場合、ポトフ本番の日にはブイヨンを取り過ぎないように残しておき、別の日に炒め玉葱とポトフ鍋に残った野菜でスープを作る。

*残ったブイヨンを4～5倍に薄めてポワローを蒸し煮し、ヴィネグレットソースで味付け。茹で卵の黄身をほぐしたものと刻みパセリを散らして。

*ブイヨンをぐっと濃く煮詰めて製氷皿などで冷凍し、ステーキのソースに利用する。

*潰したジャガイモに細かくほぐした茹で肉、生クリームか牛乳を加え混ぜ、パン粉の衣でコロッケに。あるいは浅い焼き皿に入れてパン粉とおろしチーズでオーブン焼きに。

*茹で肉を適当な大きさに切り、ありあわせの香味野菜やピクルスと共にヴィネグレットソースでマリネに。

*前の日の残りの厚切りバゲットを焼き皿に置き、ブイヨンを染み込ませる。鍋に残った野菜くずをパンにのせ、おろしチーズをたっぷりかけてオーブン焼きに。

*ブイヨン少々にしょうゆ、みりん、砂糖を加え、茹で肉にからめ焼きして、すきやき風に。クレソンを添えて。

## ポテ

塩漬け豚肉を煮込むポテは、日本ではポトフに比べると材料の入手が容易で経済的だ。調理時間もおよそ半分ですむことからも、日本の家庭で作るならポトフよりポテの方が作りやすいだろう。

フランスでは「プチサレ」と呼ばれる市販の塩漬け肉を主素材にして、生ソーセージ、スモークソーセージ、あるいは生ベーコンを縮みキャベツやジャガイモ、人参、乾燥豆などと一緒に煮込む。北東フランスでは白インゲン豆、オーベルニュではレンズ豆、もっと南のカタランではヒヨコ豆を加えることもある。またそれぞれの地域のソーセージを使うのでポトフに比べて地方色豊かだ。

牛豚羊3種の肉と野菜を大きな陶器の型に入れてリースリングワインを加え、蓋の周りをパン生地で塞いで密閉し、オーブンで調理するアルザス風は「ベッコフ」と呼ばれる。シードルを加えて煮込むノルマンディー風もあれば、豚と鴨のコンフィをキャベツで包んで煮込むペリゴール風。変わったところでは、水の代わりに牛乳だけで作るものもある。レモンを加えるので牛乳は分離し、カッテージチーズ状のモロモロが上に浮かぶのだが、それを取り除くと下には半透明のそれは美味しいブイヨンが。どれも皆ポテの仲間だ。

ポトフにはあまり使わない縮みキャベツはポテには不可欠だ。そしてポトフに反して、ジャガイモは大鍋の中で他の素材と一緒に煮込んでこそ美味しい。そしてポトフには何といっても冬の根菜だが、ポテのブイヨンには春先の豆などプリムール（初もの）野菜も合うので、季節感が出せるのも魅力だ。

自家製塩漬け肉で作れば、ソーセージや豆がなくてもコクのあるブイヨンがとれる。フランスなら市販のプチサレがあるが、自分で塩漬けにした肉で作る方が雑味がなくてずっと美味しい。

では日本の家庭でも作りやすい自家製塩漬け豚肉で作るポテをご紹介しよう。

**自家製塩漬け豚肉で作るポテ**

・白インゲン豆は一晩水に浸けてふやかしておく。
・豚肩ロースは一切れを厚さ5〜6cmとして、必要な分量を購入する。
・肉の重さ3%のゲランドの塩（粗塩ではなくSel gris fin）にその半量の砂糖を混ぜ、それを肉全体にまぶしつけ、冷蔵庫で3時間ねかせる。あるいは3時間の待ち時間が中途半端なら1kgほどの肉の塊に合わせ塩をまぶし、そのまま一晩冷蔵庫に置く。

右頁／縮みキャベツも豆もソーセージも使わずに、あり合わせの材料だけで作ったポテ。豚肉を塩漬けにしさえすれば、たったこれだけの材料でも格別な一品になる。

上右／煮上がったポテを一晩冷蔵庫に入れ、上に固まったラードを取り除いたもの。捨てずに取っておき、ポテの茹で肉を焼く際に使う。ボトルはどちらも蜂蜜ヴィネガー。焼き上げにからめて甘酸っぱく仕上げる。

上左／肉は多めに煮込み、残った肉とジャガイモはラードで焼いて食べる。

下左／ポテの残りブイヨンに千切りにしたセロリアックを加え（他の野菜でも）茹でたショートパスタ、生クリームを加えた一品に。隠し味のシェリーヴィネガーをきかせて。

・塩漬けした肉は冷水を何度か替えてザブザブ洗い、切り分ける。肉を茹でるとかなり煮縮まるので、煮上がりはこのくらいの大きさかと思うよりもかなり大きな塊に切ること。
・肉を鍋に移し、皮をむいた人参と玉葱丸ごと、セロリの枝、ローリエ、粒胡椒を加え、たっぷりの水を注ぎ、煮立つまで中火にかける。ブクブクと上がってくるアクをこまめに取り除き、蓋をほんの少しずらしのせた状態で弱火で煮込む。
・この間に根元を残してざく切りにした縮みキャベツを湯通しする。
・1時間経ったら鍋から玉葱とセロリは取り出し、白インゲン豆、ジャガイモ、キャベツ、手に入れば1cm強の厚切り生ベーコンや生ソーセージを加えてさらに30分煮込む。

---

煮込んだ肉と野菜は大皿に盛り、それが乾かない程度のブイヨンを回しかける。翌日以降は残ったブイヨンにパンを加えてスープに。またブイヨンに茹でたショートパスタとフレッシュクリームを加え、パスタの一品にするのも美味しい。

そしておすすめなのがポテ肉のフライパン焼きだ。残しておいた茹で肉の水分はペーパータオルに当てて取り除き、フライパンに熱したバターで全体にこんがり焼き色を付け、蜂蜜ヴィネガー、シードルヴィネガー、あるいはリンゴ酢を振りかけ、手早く肉にからめてカラメリゼさせる。トロトロに柔らかく煮上がった茹で肉の表面を香ばしく甘酸っぱく焼き付けることで、同じ茹で肉でも中と表、まったく違う美味しさを楽しむことができる。焼きたての熱々に冷たいサラダとマスタードを添えて。

MEMO

＊脂身のないロースやもも肉はポテには不向き。肩ロースも、選べるなら脂身が多めの方が柔らかく煮上がる。煮込むうちに脂は縮まるので、食べて脂っこく感じることはない。

＊ブイヨンに出た脂が気になるなら、煮込み上がりを一晩冷蔵庫に置いて、上に白く固まったラードを取り除く。豚肉の素材そのものが上質なら、このラードは利用価値がある。ブイヨンに面していた方をペーパータオルにしばらく当てて水気を取り除き、それを容器に入れて冷蔵保存すれば、おすすめのポテ肉のフライパン焼きを、バターを使わずにこのラードで作ることができる。キャベツはじめ野菜炒めにも利用できる。ただし水分を含んでいるので保存可能期間は短い。すぐに使い切れない場合は冷凍すること。

昔ながらの蓋付きのPot（ポ）の代わりに、小さな陶器の型に生地を流し、1個1個ホイルをかぶせて蒸し焼きにし、レモンの酸味をきかせたカラメルソースで。黄色い縁のプレートはGienのヴィンテージで、シンプルなデザインだ。

## ポ・ド・クレーム

卵と牛乳と砂糖だけで作れる家庭的なデザートの基本。この場合のPotは、もともと19世紀の英国からフランスに輸入された、直径が7～8㎝ほどの小さな蓋付き陶器の器で、英国的な花柄などの絵付けがほどこされていたものだ。19世紀に何度かパリで開催された万国博覧会は、既に大成功をおさめていたロンドン万博を参考に開かれたもので、当時の英国は産業から生活文化までフランスのお手本。英国製の愛らしい陶器の容器でポ・ド・クレームを作ってお客をもてなすことは、フランス婦人たちの間で流行したそうだ。

ヴァニラ、ショコラ、カフェと、基本の風味は3種。この頃ではカジュアルなレストランやカフェで、カフェ・グルマンと称してごく小さなポ・ド・クレーム2～3種とカフェをワンプレートでサービスするのをよく見かけるようになった。

私がこれまでに最もよく作ったデザートといったら、それはグレープフルーツ風味のプチ・ポ・ド・クレームだろう。これは『デザート　魅力のレシピ』（1991年刊）でも紹介したもので、グレープフルーツの白いワタの苦味を移した牛乳を使った、プリンにしてはとても大人っぽい味わいで、私のデザート代表作のひとつといえるものだ。表皮や果肉を除いた白いワタの部分のみを、当時は牛乳に浸して煮てから濾していたが、その後牛乳の中でワタを手でもんで味を引き出す方法に変更。この牛乳でプリン生地を作って蒸し焼きし、グレープフルーツ果汁を加えた甘酸っぱいカラメルソースを上に流して仕上げている。このレシピは手間がかかるので、ここでは最も簡単な基本のポ・ド・クレームを紹介しておこう。

**ポ・ド・クレーム**

材料　卵2個、砂糖40g、牛乳150㎖、生クリーム50㎖、ヴァニラビーンズ少々

---

・ボウルに卵を割り入れて泡立て器でほぐし、砂糖を加え混ぜる。
・小鍋に牛乳とサヤからこそぎ出したヴァニラを入れて火にかけ、軽く温めたら卵液に加え、濾し、生クリームを加える。
・ココット4個に分け入れ、上に浮いた泡はすくい取りアルミホイルをかぶせる。
・150℃のオーブンで30分、湯煎焼きする。冷めたら冷蔵庫で冷やす。
・カラメルソースを作り、レモン果汁少々を加え、クレームの上に流して仕上げる。

## 焼いて・揚げて・茹でて・楽しいシュー生地

丸く絞り出してオーブンで焼くと、その名の通りにキャベツの形に膨らんで焼き上がるパー・タ・シュー（シュー生地）。16世紀、カトリーヌ・ド・メディシスのお抱え料理人が生み出したといわれている。中が空洞に焼けることを最初から想定していたとは思えないから、他の目的で作ったものがたまたま焼いたらこうなったという偶然の賜物だろう。シューが一番美味しい瞬間は焼きたてだ。お味見にひとつつまんで口に入れれば、クレームなど何も詰めなくても、ただそれだけで何と美味しいことか！　これればかりは外で買ったものでは決して味わえない、家で焼いてこそのものだ。

小麦粉、バター、卵で作るパートといったら、他にパイ生地やブリゼ生地などがあるが、同じ材料でもシュー生地の場合は加熱して作るのでパー・タ・ショー、熱いパートともいわれる。その特徴は焼くだけでなく、揚げたり茹でたりと用途が広いことだ。おやつの揚げシュー、これも外で買うより自分で作った方がはるかに美味しいし、シュー生地を茹でて作るパリ風ニョッキは外では決して食べられない料理だ。シュークリームでお馴染みのシュー生地だが、調理法を広げて家庭ならではのレシピで楽しみたい。

## 焼いてグージェール

シュー生地を使ったものといえば、シュー・ア・ラ・クレームをはじめ、エクレア、パリブレスト、ルリジューズ、サントノレといったお馴染みのものが思い浮かぶ。なかでも最もシンプルなシューの焼き菓子がシューケットだ。プチシューサイズに絞り出した生地の上にあられ糖を散らして焼き、中には何も詰めず食べる。フランスではお菓子屋よりパン屋でよく見かけるもので、100gいくらのグラム売り。これをおやつに限らず、アペロ時にフォワグラに合わせるのはよいアイデアだ。上にのっている砂糖の余分は手で払い落とし、横半分に割り、中にフォワグラのムースやテリーヌを詰めて食べる。

そしてアペロといえばシュー生地で作るグージェールだ。基本のシュー生地におろしたコンテチーズを加え、プチシューのサイズに絞り出し、上面にもチーズをのせてオーブンで焼く。絞り袋を使わずにティースプーンで生地をすくって天板に置くのもアリだし、私はスプーンの背で生地を薄い円形にのばして、わざと膨らませずに、焼き面が広いぺちゃんこグージェールを作ったりもする。

休暇で訪れたブルゴーニュはRully村のホテル形式の民宿メゾン・ドートに宿泊した時

のことを、私はこう書き残している。

「そろそろアペロの時間かな？」

部屋を出て階下のサロンに向かうと、ひんやりした石の階段にモワ〜っと上がってくる温かないい匂いに思わず顔がほころんだ。

「う〜ん、これは間違いなく焼きたてのグージェール！」

空腹時のアペロにはおそらくこれに勝るものなしのチーズ入りシュー生地を焼いたおつまみが、ぴったり時間を見計らって焼き上げられたところだった。それはコンテを基本の1・5倍は使ったというマダムのスペシャリテ。料理はムッシュの担当で（この日はポトフ！）奥様はこれだけ作ればあとはお喋りの相手って、ちょっと、いや、かなり羨ましい。クープグラスに注がれたのは地元ブルゴーニュのクレマン。思い出に残る、それはことのほか美味しいグージェールでアペロのひと時。

焼きたてのグージェールの匂いと美味しさの記憶は鮮明だ。無理せずに料理は外で買ってきたものや持ち寄りですませたとしても、はじめのグージェールだけは手作りの焼きたてでおもてなしって、これだけで高得点獲得は間違いなしだろう。

そうそう、シュー生地の一部はチーズを入れずに焼いておけば、デザートだって簡単だ。

市販のヴァニラアイス（ハーゲンダッツ！）とカットした洋梨（缶詰でも）をグラスなどに盛り付けて、半分に割ったシューをいくつかトッピング。そこに温かいチョコレートソースをかければクープ仕立ての簡単プロフィトロール・オ・ショコラが完成だ。焼きたてのシューに手早くアイスを詰めて直ちにサービスできればそれは最高だけれど、来客時に何人分もそれをやろうとしたら大忙し。それなら前もってアイスを詰めて冷凍庫に？　いやぁ、それではシュー生地の美味しさが半減どころではなく台無しだ。それを思うと、何もシューにアイスを詰めなくたってよいではないか、ということで。

グージェールで始めてプロフィトロール風のクープで終われば、間の料理がたとえ大いなる手抜きでも人の記憶はそちらにはゆかないだろう。何なら一生このパターンでいってはどうだろう。何度同じことをしたって、もう飽きたからやめてとは誰も言わないはずだから。

## 揚げてぺ・ド・ノンヌ

揚げ菓子好きの私。フランボワーズのコンフィチュール入りベニエとかメルヴェイユ、ビューニュなどをパン屋で見かけると、カロリーを気にしつつもついそそられて、たまにはよいではないかと仕事合間のおやつに買って帰ることがある。でも外で買った揚げ菓子で本当に美味しかった試しはなく、これはやはり自分で作るのが一番だ。

基本のシュー生地を揚げて作るのが〝ペ・ド・ノンヌ〝尼さんのおなら〟だ。イーストを使わずに作れるので家庭ではもっとも作りやすい揚げ菓子ではないだろうか。シュー生地はレモンやオレンジの表皮で香りを付け、生地の硬さは卵の量で調節する。これを油で濡らしたスープスプーンですくい160℃弱ほどの低めの油に落として揚げる。この生地には砂糖が入っているから油の温度が高過ぎるとアッという間に表面が焦げ、中まで火が通る間にさらに焦げるので、温度は低めで始めてゆっくりと揚げてゆく。どんどん膨らんで大きくなるので、一度に鍋に入れ過ぎないように。水分が抜けて軽くなり、上半分が油の表面から出てプカプカ浮かびはじめた頃合いが出来上がり。冷めたらグラニュー糖か粉砂糖を好きなだけ振りまぶして食べる。中は焼いたシューのように空洞ができてふんわりしていれば上出来だ。バリエーションとしてはリンゴを混ぜて揚げるのが一番だろう。

さて、結果的にかなり摂取することになる揚げ油には何を選ぶか。一般的にはピーナッツオイル。プロヴァンスでは揚げ物にも当たり前に使うオリーヴオイルならベストだろう。そう、ラベンダーの香りを付けた生地で作るなら、油にはオリーヴオイルを使いたい。

おろしたコンテをたっぷり加えたシュー生地を焼いたグージェール。食欲を促す出来たての香りはおもてなしの始まりに相応しいものだ。アペロタイムなら本にガラス板をのせて、その上に器を置くお遊びも。

ペ・ド・ノンヌは低めの温度の油で徐々に膨らませると、焼いたシューのように中に空洞ができて軽い仕上がりになる。手前はリンゴ入り。砂糖を振りかけて。

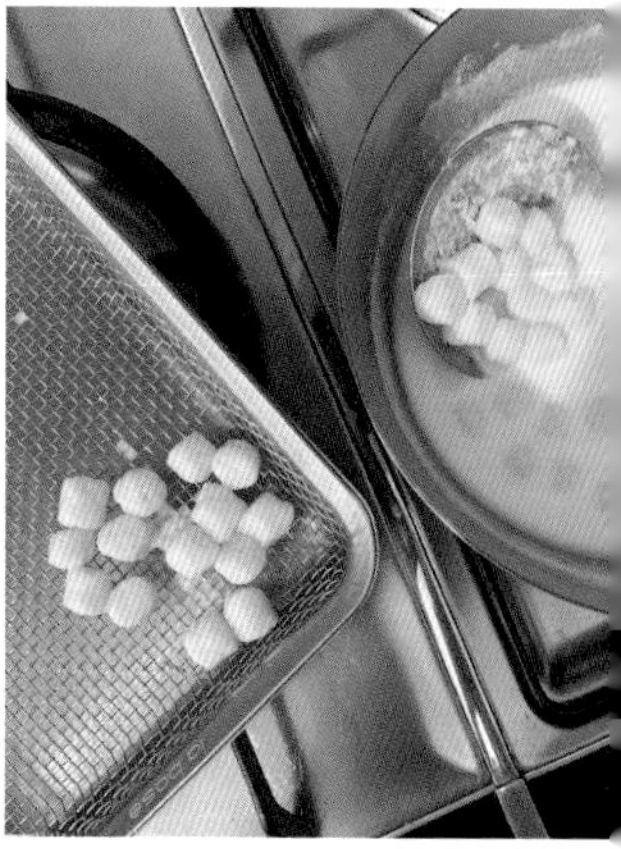

プニュプニュした茹で上がりが可愛いシュー生地ニョッキ。茹で汁でクリームソースを作り、硬くなったパンを細かくしたものをバターで炒め、振りかけて。

# 茹でてニョッキ・ア・ラ・パリジェンヌ

私がコルドン・ブルーで料理を学んだ頃は、ヌーヴェル・キュイジーヌの風がパラスホテルや星付きレストランから巷にも吹きはじめていた時代。しかし学校で教えられたのは香味野菜のミルポワを炒めるところから始めるソース・エスパニョールやソース・ドゥミ・グラスをベースにした、とてもクラシックな料理だった。ソースにとろみをつける粉の量も多く、帰国してからほとんどの料理は私風に工夫したものだ。コルドン・ブルーの料理ノートはもちろん貴重な記録と思い出として傍に大切にしつつも滅多に開くことはなかった。ただ習った料理のなかで今でも作り続けているものがいくつかある。そのうちのひとつがパリ風ニョッキ、ニョッキ・ア・ラ・パリジェンヌだ。ニョッキといえばイタリアン。小麦粉とジャガイモの裏濾しをこねて作る、歯ごたえが独特なパスタならお馴染みだと思うが、パリ風のニョッキをご存知の方は少ないかもしれない。

パリ風ニョッキ、それはシュークリームを作る時と同じシュー生地を、焼くのではなく、茹でて作るもので、これを習った時には目からウロコ。オーブンで焼く以外ないと思っていたものを茹でると、それは初体験の新しさと日本人の私にも懐かしいクリーミーな風味が重なった、優しい食感のニョッキになったのだ。

**シュー生地の作り方**

・鍋に水（または水と牛乳半々に混ぜて）125mℓとバター50g、塩と少量の砂糖を入れて火にかける。バターが溶けたら火からおろし、小麦粉75gを一度に加えて木べらで練り混ぜる。

・再び弱火にかけて鍋底から生地が離れてひとかたまりになるまで練り、そうしたら火からおろして卵1個を加え練り混ぜ、さらに卵1個を加え混ぜる。

・木べらですくって生地を落とした時に、生地がゆるっと垂れ下がらず、ブツッと途中でちぎれたようになるのが仕上がりの目安。

パリ風ニョッキはこのシュー生地にエメンタールとかグリュイエールチーズを好みで50gおろして加え混ぜ、直径15㎜くらいの丸い口金を付けた絞り袋に入れ、浅鍋に沸かした湯に1㎝半ほど絞り出しては、お湯で濡らしたプチナイフの先端でチョンチョンとリズミカルに切り落としてゆくのだが、これがなかなか面白い。湯を煮立ててしまうとあっという間に大きく膨らみ、それは後から必ずしぼんで食感が悪くなる。湯をグラグラさせないように煮立つ直前の、水面がかすかに震えるような火加減で茹でる。同じ生地をオーブンで焼いた時の匂いとはまた違う、茹でた小麦ののんびりしたよい香りが立ち上る。これがプカプカ完全に浮かびはじめるのは茹でてから8分くらいしたところで、そうしたら網じゃくしですくい上げる。指でつまむとツルンとして、小さな子供のほっぺたのような弾力になっているだろう。

コルドン・ブルーではこれをグラタン皿に盛り付けて、その当時のことだからソース・ベシャメルをかけ（ここでまたバターと小麦粉と牛乳！）、おろしチーズを散らして（ここにもまたチーズ！）オーブンで焼いたのだが、これではかなり重い仕上がり。そこで私風は、ローリエを加えた牛乳と水半々でニョッキを茹で、バターで炒めた小麦粉を、粉の旨味が出た茹で汁でのばし、サラッとしたソースを作り、シャンピニヨンやハムなど具材のバリエーションも色々に楽しんでいる。

子供が風邪をひいたらパリ風ニョッキを。そして体力が十分でないご年配の方にも、体を温め食べやすいこの料理はきっと喜ばれるはず。牛乳で作るクリーミーなソースを食べる機会が少なくなったこの頃だけに、これからも伝え続けたい優しい風味のニョッキ・ア・ラ・パリジェンヌだ。

## 朝市から帰ったら

これが東京なら、買い物から戻ってからこうは忙しくないものだ。それがパリでは買って帰ったものの始末に時間がかかる。朝市のある暮らしならではのことだ。例えばハーブの束をほぐして傷みかけた葉があればつまみ、枝一本一本の状態を目で見て手で触って確認する。それと同時に取り除いた葉の使い道を考える。アンフュージョン（お茶）、それともブイヨン用かな、とか。家庭菜園でハーブを育てている人の収穫後はきっとこんなふうだろう。これを時間がない時は人が見たら驚きそうな超速で、余裕があればゆっくり楽しむ。そんなマルシェ後の様子をこの機会にレポート風にご紹介してみよう。

はい、エコバッグひとつは肩から、手にもうひとつと買い物籠を下げて帰宅。

わたくし、買い物用のカートは使いません。何故なら、背が低い人がカートを引くと体からグッと後ろに離れてダックスフントになり、人混みのマルシェではしょっちゅう足を引っ掛けられるので。そして大きい買い物籠ひとつですませずに小分けにするのは、重いもの軽いもの、傷みやすいものを別々にする必要があるから。

喉が渇いています。お腹が空いています。そこでまずは遅めの朝食です。

マルシェで買ったキャロットケーキとウィークエンドシトロンを半分ずつ、冷たい牛乳で。買い物の後は甘いものを食べたいし、ミルクが美味しく感じられるもの。特にレモン味の焼き菓子やマカロンと冷たい牛乳の組み合わせが私は好きなのです。

次にすることは冷蔵庫のチェック。

ブイヨンにまわす野菜、加工にまわすフルーツは外に出す。他の半端ものも今日明日中の使い道を考えバットにひとまとめにして、使い忘れないように目につきやすい場所に置く。料理のアイデアを思いつくのはこんな時でもあるのです。

少しだけ残っていたアプリコットと苺、その重さの30%の砂糖を計って一番小さな銅鍋に入れます。これはコンフィチュールに。本来であれば鮮度が落ち過ぎだけれど、短期間に食べて終わるのだから大丈夫。

さてお次はムスクラン（ミックスリーフ）。広げてみたら中に小さなパンジーが混ざっているのを発見。この店ではビオの食用花も売っていましたから。

サラダの葉は、真夏でもしっかり冷たいのが嬉しいパリの水道水で洗い、大きなザルにあげます。使い込んで柔らかくなった、それこそ何十年ものの特大の麻の布巾を広げて、その上に間を詰め過ぎずに葉を置いて水を切ります。私はサラダスピナーがあまり好きではないもので。

そして少ししたら葉を指先でフワフワやさしく動かして位置を変え、さらに水気を布巾に染み込ませます。最後に布巾をサラダごとフワリと横半分に、縁は少し重ねてたたんで筒状にし、両端は手で塞ぐようにして持ち、上下左右に何度かそっと動かしてさらに水気を布巾に吸い込ませます。こうしてサラダの葉は水分を取り除きつつも、しかし適度に水気を残すのです。専用にしている密閉容器の底にたたんだ布巾を置き、その上に葉を移して冷蔵庫に。

さてお次。イタリアンパセリの束を解くと（その日の1束は180g）ごわごわ硬い大きい葉から柔らかいごく小さいのまでサイズは色々。このままでは後で使いにくいので、洗ってから3サイズに分けてブーケにし、縦長の蓋付き容器に入れて冷蔵庫の扉裏に。可能ならハーブは寝かせるより立てた方が保ちがよいものです。

少し元気がないミントの束とエストラゴンは、大きなボウルに入れた50℃のお湯にザブンと浸けます。完全に水になるまで放っておけばピンピン蘇りますから。

そしてお次は、今やろうか、後にしようかと少し迷った末、やはり今のうちにと小さな紫色のアーティチョーク6個の回し切りです。これには結構時間がかかるものです。切り落としはどうしても床に散るし、ゴミ箱はすぐにいっぱいに。捨てるところばかりでやっと残った食べられる芯は、レモンを搾った水に浸けてアク止め。これはあとでオイルコンフィに。

肉は商店街の専門店で買うことが多いのですが、この日試しにマルシェで求めたバヴェット（牛ハラミ）を触ってみたら、あまり感心しません。何だかなぁと肉屋のおじさんとおばさんの顔をうらめしげに思い浮かべます。そこでこれはビフテック・アッシェの方が無難かと、重い包丁を取り出して粗挽き状態にすることに。本当なら最後はトントン肉を叩きたいところ、それをすると石造りのアパートでは音が激しく響き渡り、犬は吠えるは、鳥はバタバタ飛び立つことになるので諦めて。玉葱のすりおろしを混ぜて冷蔵庫に入れてお昼ごはん用に。

さて魚の処理は生臭くなるので一番最後です。その日は舌平目。ドーバー海峡ものではなく、フランスの……とわざわざ書いてあったので試しに買ってみたのです。皮に斑点のある珍しい姿だったのでレモンやパセリをあしらって写真を撮る。でも舌平目ってあまり絵にならない魚なのでした。

そして砂糖をまぶしておいたアプリコットと苺。すでにしっとりとしているのでヴァニラを加えて火にかけ、コンフィチュールに。

冷蔵庫や野菜籠に残っていた香味野菜とハーブで野菜のブイヨンを火にかける。

生鮮以外の買い物をそれぞれの置き場所にしまう。

洗いものと床掃除を終えたら、フレッシュミントに緑茶を加えて、少しだけ砂糖を入れて、一息。

## あの日のラディバタ、今日のチップス

留学当時のこと、ご主人の仕事でパリに転勤中だった母の友人宅にお招きいただいた私は、ランチのはじめに出された意外な料理、というより意外なものにビックリ。

それはラディ・オ・ブール、赤カブとバターのおつまみだった。その方は料理上手としても知られたご婦人で、その当時の日本でクロワッサンまで手作りなさる腕前の方。そのマダムのパリの家でのおもてなしが洗っただけの生野菜にバターで始まるとは！

「マリコちゃん、ちょっと驚きでしょう？　フランスの家庭ではこんなに簡単なものを食事のはじめにいただくのよ。私はラディバタって呼んでます。こんなふうに、バターをのせて、塩を振って（カリッ！）……どう？」

新鮮なラディッシュのほのかな辛さと、とびきり美味しいフランスバターとのハーモニー初体験。フランス人はこんなに簡単なものも食べているのだと、それは驚き、忘れられない思い出だ。今でこそラディバタの愛称で日本の皆さんも知っているけれど、それは45年も前のことである。

生野菜とバターといえばアンディーヴも定番だ。こちらの場合はラディバタより少し料理らしくて、無塩バターとロックフォール、胡桃と一緒に食べる。アンディーヴのかすか

な苦味とバターは好相性で、またロックフォールはバターと一緒に食べるととても美味しいものだ。

ラディバタにはビックリのあの日から時は経ち、ある日のこと、家に招いた友人とキッチンでアペロを始めた時のことだ。私がポテトチップスの袋を開けようとしているのを見た彼女はたいそう驚いた様子でこう言った。

「えー、マリコさんもチップス食べるんだ！　これは意外！」

どうやら私はポテトチップスとは無縁な人だと思われていたらしい。料理研究家はチップスなど食べない、というイメージなのだろうか。

それはフランス国産100%、つまりジャガイモも揚げ油も塩もフランス産のチップスで、添加物不使用、減塩タイプ。そしてココットに入れたフロマージュブランにはセルフィーユの微塵切りをトッピングして、オリーヴオイルを少し垂らしたものを用意していた。これをチップスにつけて食べるのだが、これはとてもフランス的なアペロメニューだ。それを友達ときたら、私とポテトチップスはあり得ない組み合わせだといってビックリしているのだ。

あの日はラディバタに私は驚いたけれど、今度は私がチップスで驚かすことに……。

毎週木・土に開かれるサックスの朝市に立つ、野菜とシャンピニヨン、ハーブのスタンド。サラダ用のリーフを買うのはここで。勢いよくツンツンしたラディッシュの根っこが可愛い。ここの小粒でコリッとしたシャンピニヨンは生でサラダにするのに向く。

リーフ野菜を買って帰ったら早速洗い、大判の麻の布巾に広げて水気をきる。仕上げは氷水に当てながら、最後にセルフィーユを加えて。ヴィネグレットソースを作り置きするなら、大きめの瓶に材料を入れて混ぜ合わせる。使う時には小さな泡立て器でかき回して。

## 気合いの入ったサラダを作る

ポトフやポテは鍋に静かに向き合う料理。気合いで作って美味しくなるものでもないが、温度や食感にこだわりたいフレッシュリーフサラダは、気合いの入れ具合で結果は大きく変わるものだ。外ではなかなか巡り合えないのが食べ終わる最後まで冷たいサラダ。これは家で作ってこそのものだろう。

こだわりたいのは以下の4ポイント。

1 ヴィネグレットソースはあらかじめ作って冷蔵庫で冷やしておく。
2 サラダの葉は水切りし過ぎず、適度な水分を残した状態で冷蔵庫で冷やしておく。
3 サラダを和えるボウルは次の三つの方法のいずれかで十分に冷えたものを使う。
・サラダの葉を入れて冷蔵庫でしばらく冷やしておく。
・氷水のボウルに当てて冷やしながらサラダを仕上げる。
・使う直前に数分間冷凍庫でボウルを冷やす。
4 葉の量はボウルの高さの半分強から多くても3分の2までとする。

## ヴィネグレットソース

・白または赤ワインヴィネガー大さじ1、おろしニンニクほんの少々、刻みエシャロット小さじ2、マスタード小さじ1弱、オリーヴオイル大さじ5。なおオリーヴオイルのみで作ると冷蔵庫でソースが固まるため、保存する場合はひまわり油やグレープシードオイルなど他の油で割る。

・時には胡桃、ヘーゼルナッツ、菜種などのオイルを香りづけ程度に少し加えて変化をつける。

・あれば樽仕込みの熟成シェリーヴィネガー、あるいはバルサミコヴィネガーを少量加える。日本で手に入るイタリア産濃縮葡萄果汁の甘味料、ヴィンコットもおすすめ。

## フレッシュリーフ

・風味や色、テクスチュアの異なる葉を何種類か用意できれば理想的だ。縮れた葉のフリルレタスやチコリ（エンダイブ）は、柔らかい他のリーフを支え、盛り付けをきれいに見せるうえで一種は使いたい。

・小さな葉野菜をミックスしたムスクランはちぎる必要はないが、そうでなければ何種類かのサラダの葉を株からはがして冷水で洗い、水を振り落とし、一口の大きさにちぎる。

・布巾に広げて水気を取り除き（前述のように）、サラダを和えるボウルに移す。この時葉をボウルに入れ過ぎないこと。ペーパータオルを手のひらに広げて、葉を優しく触りながら余分な水分をさらに吸い込ませたら、ラップフィルムをかけて冷蔵庫に入れ、少なくとも2時間冷やす。

---

**フレッシュリーフサラダの仕上げ**

・ボウルを冷蔵庫から出し、底にペーパータオルを差し入れて下に落ちている水滴を吸い込ませる。

・必要な量のだいたい半量のヴィネグレットソースをボウルの縁からぐるりと回し、残りを上から回し、指先で、あるいはサーバーで、できるだけ葉を触る時間を短くと心がけ、さっと手早く混ぜて仕上げる。

・ボウルに目いっぱいの葉の量では、この混ぜる動作を大きく手早くすることができず、葉を触り過ぎ、その結果、サラダの葉がへたり、水っぽいサラダになる。

---

■フレッシュリーフサラダにプラスできるもの

＊オーガニックレモンの表皮をグラッターで削って加える。

＊セルバチコ（ルッコラの仲間）、セルフィーユ、エストラゴン、シブレットといったハー

ブ類。
＊少量でもサラダの味わいを豊かにしてくれる松の実や胡桃。
＊パルミジャーノを使うならごく少量を効果的に。フェタやペコリーノも同様。チーズは塩の代わりになるので、ヴィネグレットソースの塩分を控えることができる。

この通りに作ろうとすると、家族の人数分に対してお手持ちのボウルが十分なサイズではない、という問題が発生するかもしれない。もしそうなら、まずは自分のために一皿分のサラダを作って、出来栄えに満足できたら、そのボウルで作れるだけの量のサラダを、ハムやツナ、パテやキッシュなどの添えにして家族で分け合って食べてもらってはどうだろう。

皿の上で最後まで冷たいフレッシュリーフサラダ。

「何だか今日のサラダはいつもと全然違うね、技ありだね！」と、きっと喜んでもらえることだろう。

## 馴染ませ系の惣菜サラダ

キャロットラペのように冷蔵庫に作り置きできる〝馴染ませ系〟のサラダは、ウ・マヨネーズ、ハムやパテに添えて、急いで食事作りするウィークデーに活躍する便利な惣菜だ。

**キャロットラペ**

目の粗い野菜おろしやスライサーを使って千切りにし、白ワインヴィネガーとオイル、クミン、塩で味付けし、レーズンと松の実を加える。甘めが好みならオレンジママレードやアプリコットジャムを隠し味に使うのもよい。ガルニとしては鶏胸肉を蒸したものやハムに。バナナとの相性のよさは抜群。

**セロリアック**

日本では根セロリとも呼ばれるが、普段目にするあのセロリの根っこではない。これを太めの千切り、あるいは細いバトンに切ってレモン、辛口マスタード、油、ヴィネガー、塩、胡椒で味付けする。マスタードがきいたマヨネーズで作ることもある。リンゴと相性がよいので、リンゴのジュレを隠し味に使ったり、シードルヴィネガーやリンゴ酢で作るのもおすすめ。

**紫キャベツ**

千切りにして生の状態に味付けして食べることもあるが、私はサッと湯通しする。茹でると色が抜けるが、ザルにあげてヴィネガーをほんの少々振るとパッと鮮やかな紫色になる。冷めたら水気を手で絞り、油、ヴィネガー、キャラウェイシード、塩、胡椒で味付けする。カシスのジュレやバルサミコ酢などで風味を付けても。ガルニとして添えるならレバーソテーが特におすすめだ。

**ビーツ**

茹でたビーツを角切りにする。ワインヴィネガー、フランボワーズヴィネガー、バルサミコ酢などから、好みの酢を選び、油、塩、胡椒で味付けする。生姜の絞り汁や甘酢漬けのガリを加えると、風味が引き締まって美味しくなる。食べる間際に生のシャンピニヨンを切って混ぜるとうっすらビーツの紫に染まり、見た目も美しいサラダになる。フランス人がサラダによく使うキヌアとも相性がよく、ガルニとしては、鴨のリエットやレバーパテ、フォワグラのテリーヌに。

＊こうした野菜の惣菜には、甘い風味のあるヴィネガーがおすすめ。油はオリーヴオイル、グレープシードオイル、ひまわり油などから好みで選んで。

粗めのチーズおろしで千切りにした人参に調味料とミントの葉を加え、手で軽くもんでハッカの風味を移しながら冷蔵庫に置く。ミントの葉はしなびてしまうので、食べる時には加えずに風味だけいただく。バナナと共に盛り付け、人参から滲み出る水分も残さずに使う。

小さく切ったビーツをヴィネガーとオイルで味付けし、そこにシャンピニヨンを加え混ぜたもの。2つの素材のまったく異なるテクスチュアが同時に味わえるのが楽しい。

セロリアック(根セロリ)はフランスの惣菜サラダには欠かせないもの。千切りにして蜂蜜ヴィネガーとオイルで味付けし、リンゴを加えている。薄緑の葉はセロリの株の中心にある柔らかいところ。薄切りバゲットに無塩バターを塗り、ロックフォールをのせたものを添えて。

# バヴェットステーキ

フランス人の国民食といえば、フライドポテトを山のように添えた牛肉のステーキ、ビフテック・ポンムフリットだろう。カフェの定番メニューで、たいていは牛のどの部位なのかは知れず、ソースの代わりにマスタードを塗って食べる大衆的な薄切りステーキだ。Entrecôte リブロースや Faux-filet 外ロース、Rumsteck ランプなどの部位になるとソース・ボルドレーズ（赤ワインソース）とかソース・ポワヴル・ヴェール（水煮青胡椒入りのソース）が付き、Filet フィレのロッシーニ風になるとフォワグラとマデラワインソースといったようにソースと共にサービスされ、塩、胡椒にマスタードだけで食べることはあまりない。

家でステーキを作るなら、肉自体が味わい深く、塩、胡椒だけでも美味しく食べられるバヴェット Bavette、すなわち牛ハラミがある。焼くだけでソースを作らずにすむこともあって愛好家は多く、私もその一人だ。これは長く太い繊維が薄い皮膜でつながった部位で、ロースやフィレに比べると一見硬そうに見えるが、しっとりとした肉質で、セニャン（*）に焼き上げれば見た目よりずっと柔らかい。熟成が進んで香り強く少し乾いた感じのものより、フレッシュな肉汁を含んだ若めのバヴェットの方が私は好きだ。

＊セニャン：レアよりも少し火が通って肉の中心がまだ生の状態。

## Bavette au échalote
## バヴェットステーキ、炒めエシャロット添え

・玉葱をすりおろす。ミニッツステーキほどの厚さのバヴェット1切れ150gとして、肉の上下にすりこむ量は大さじ1弱ほど。これを一昼夜冷蔵庫でねかせる。玉葱の効果で肉の繊維を柔らかくするためだが、この工程を省いてすぐに焼いてもよい。

・エシャロットは薄切りにし、ローリエやタイムと共に十分な量のバターと油で、クッタリとするまで弱火で気長に炒め、塩をして取り出す。シェリーヴィネガーか赤ワインヴィネガーを香りづけ程度に加える。

・エシャロットを炒めた後のフライパンに大さじ1ほどの水を入れて火にかけ、鍋底に残った旨味を浮かせて煮詰め、ヘラで集めてエシャロットに加える。

・フライパンは強火で熱し、バターと油適量でバヴェットを焼く。肉を置いたらすぐに中火に落とし、動かさずに1分半ほど焼き、裏に返して1分、セニャンに焼き上げ、皿に移して塩を振る。肉に塩をするのは焼き上げたこのタイミングで。

・フライパンの粗熱をとったら再び火にかけ、コニャック、ブランデー、ウィスキー、赤ワインなどの酒、なければ水でもよいのでいずれか少々加え、鍋底の旨味を浮かせてぐっと煮詰める。有塩バターひとかたまりと、好みでマスタード少々を加える

と、濃い味のソースほんのひと匙ができる。これを焼いた肉にのせ、粗挽き胡椒を散らす。

・用意しておいたエシャロットをバヴェットの上に盛り付ける。

こうしてフライパンの底の旨味を逃さずに利用してこその〝お家《うち》ステーキ〟。肉に回しかけるほどの量のソースはとれなくても、しっとりとした炒めエシャロットもあって旨味十分のステーキが出来上がる。

バヴェットのように肉汁が多い部位は傷みやすいものだが、玉葱には防腐効果もあるので、すりおろしを塗り付けておくと、これで驚くほど肉の日持ちがよくなる。

ところでバヴェットに限らないが、ステーキには肉専用のテーブルナイフを使うと実に快適だ。客人には煮込みやオーブン料理が便利なのであまり必要ないが、日常使いのマイ・ステーキナイフ、これはおすすめ！

**サマーステーキ**

——家で手軽に作れるニンニクのコンフィを添えたバヴェットステーキ。こちらは風味のよいコンフィのオイルと、塩の代わりにアンチョビのフィレで食べるのがポイント。

ソースなしでアンチョビの塩気とニンニクのコンフィでいただく、まさに夏向きのバヴェット・サマーステーキ。ニンニクのコンフィの作り方はいたって簡単、時間もかからない。残ったオイルはステーキに限らずパスタはじめ色々な料理に使える。

レモンを搾り、セルバチコを薬味にしてさっぱりと食べる。セミドライトマトやオリーヴの実を加えてもよい。カルパッチョのような感覚で冷めても美味しく、まさに夏向きのステーキだ。

## ニンニクのオイルコンフィ

初夏から夏にかけて新ニンニクの季節がきたら作り置きしたいのがオイルコンフィ。

・ニンニク2株は小片に分け、一番外側の皮だけむく。

・できるだけ小さな鍋に入れ、ローリエ2枚と枝付きフレッシュタイム少々、粗塩3g、粒胡椒（白黒どちらでも）小さじ⅓、オリーヴオイル150㎖、好みで赤唐辛子を加えて火にかけ、煮立ちはじめたらごく弱火で15分油煮する。

ニンニク臭さのまったくない、甘くぽっくりとした味わいのコンフィが出来上がる。

・ガラス瓶などに移し、油がニンニクにかぶらなかったら足して冷蔵庫へ。長期保存はできないので2週間以内には使い切る。オイルはパスタや料理の香り付けに利用する。

＊オリーヴオイルだけで作って冷蔵すると油が固まり、ニンニクを取り出しにくい。グレープシードオイル、ひまわり油などと割って作るのも一法だ。

＊バゲットの薄切りに完熟トマトの切り口をこすりつけ、ニンニクのコンフィをのせて潰してアペロのつまみにもどうぞ。

# 5章　キッチンの裏窓から

人生の歌が聞こえるパリ・アパルトマン暮らし

パリのアパートの裏窓からは、見知らぬ隣人の飾らない日常が垣間見える。表通りから入ってエレベーターで上がる玄関とは別に、裏階段を上がったところにあるのはキッチンに直接入る出入り口。昔のメイドさん専用だ。四方を建物に囲まれているから、生活感にあふれたあらゆる音や声が筒抜けとなる。

## キッチンの裏窓から

中庭に面したキッチンの窓から見えるのは周囲のアパートの裏窓だ。

冬の朝は8時といってもまだ暗く、ひとつ、またひとつと明かりが灯る家々の台所で動き回る人のシルエットが見える。うちの5階の窓から見下ろすと、地上の中庭は暗く沈み、見上げると建物に囲まれて見える小さな空はかすかに白んだ目覚め前の色だ。

向かいのアパートの裏階段を足早に降りる人の靴音が中庭に響き渡る。それが夏なら開け放った窓からコーヒーマシーンの音や子供たちの賑やかな声が聞こえ、9時になれば待ってましたとばかりに内装工事の電気ドリルの音がとどろきはじめる。管理人のマダムがホースの水で中庭を清掃する涼しげな音が上がってくる。ゴミ置場でガラガラと空き瓶を捨てるのが聞こえ、休日には決まって発声練習する声にラジオの天気予報が重なる。表通りをピーポーピーポーと行くパトカーのサイレンが、上空から中庭に吸い込まれる。

チャッチャカ、チャッチャカ卵を泡立てる音が私のキッチンの窓からはじき出され、空に向かって上ってゆく。

## ガラス板のキッチン・ギャラリー

サンジェルマン・デ・プレのショールームで見かけて一目惚れしたのが、わが家のドイツ製システムキッチンだ。今ならIKEAで選んで、ヴィンテージの小物で遊ぶ技くらいあるけれど、当時そのような考えは浮かばず、悩んだ末の買い物だった。これは価格の問題というより好みだろうけれど、ラッカー仕上げでツヤのある素材と比べたら、マットな木目で蜂蜜色がかったニュアンスのある白い家具に一目惚れし、これ以外は考えられなくなってしまったのだ。

気に入った理由はもうひとつある。それは一見引き出しに見える隠れテーブルだ。カトラリーをしまっている引き出しの下にあって、ガラガラ手前に引くと長さ80㎝のテーブルになるもので、ショールームで見せられた時には感激した。使い道によって少しだけ出しておくこともできれば、向かい合って二人で食事ができるまで、好きな長さで使える点でも優れもの。重みをかけてもまったくグラつくことはなく、何しろ丈夫にできているのだからさすがドイツ製ということなのか。大判の布巾を広げてサラダの葉の水切りをするのも、花を生けるのも、仕事の合間に一人で軽く食事するのもこのテーブルだ。

この家に住みはじめた当時から食器や調理道具のしまい場所はまったく変わらない。壁掛けの小物やコンロまわりの塩壺まで、飽きもせずに昔のままが心地よい私のキッチン。そこに最近楽しみがひとつ増えた。それはキッチン・ギャラリーと呼んでいるガラス棚で、何がよいかって、可動式であることだ。長さ2ｍ弱の調理台の右コーナーに、時に左コーナーに、気分によって場所を変えて置く。これに必要なのは、ガラス板とその四隅の脚になる丈夫なガラスコップだけ。壁の角を利用すれば釘も接着剤も使わずに設置できる。

棚の下には調理中よく使うアルコロック社

製業務用ガラス器を何種類か重ねて置き、パン切り用のボードとナイフの置き場所はここが定位置だ。棚の上にはスパイスや乾燥ハーブを入れた瓶や花を置いたり、本を立てかけたりしているが、ここは実用スペースというよりは、その時々の気分で外に出しておきたいもの、目で見て楽しみたいものを置く場所にもなっている。客人のある日にキッチンでアペロなら、その時は野菜や果物を彩りよく並べて、蝋燭《ろうそく》を灯す。

しばらく留守にして家に戻ると、いつも決まって最初に足を向けるのはキッチンだ。30年間デンと構えて動き続ける大型冷蔵庫はいわば後期高齢者だから、モーター音には不安がある。そこでまずはその扉の前に立って「冷蔵庫さん、ただいま帰りました、頑張っておくれ、壊れないでおくれ」と本気で手を合わせる。もはやこのスペースにすっぽり収まる製品は存在しないし、新しいものに交換するとしたら、それがどれだけ大掛かりなことになるかよくわかっているから。そして手を合わせながら、この冷蔵庫と同じように歳を重ねている自分を思ってクスッと笑い、そうよ、お前さんもそろそろ〝騙し騙し〟を覚えなくてはねと思うのだ。

ガラス板と丈夫なコップさえあればすぐに作れるキッチンギャラリー。調理中の出番が多い耐熱業務用ガラス器もこの下が定位置だ。下の写真中央に見えるのは、まるでパンのような特大のジャガイモ、ビンチ。その左にはこれ以上ないほど小粒のジャガイモ、デリカテッス。

## 体に馴染む小鍋を相棒に

私のキッチンの熱源は五口。ガス火は大中小の三箇所、電熱は二口だが、これを設置した当時ＩＨはまだ登場していなかったのだろう、この電気コンロはそれ以前の旧型で、今見るとかなり古めかしい。分厚い無骨な円盤型で、火加減をまめに変える調理には不向きで、たいして使わないうちに動かなくなった。火元は五口とこだわったわりには、結局ガス火三つと大小二つのオーブンで十分回せるとわかった後だったので、修理もせずにそのままにして、長いこと使い道のないデッドスペースだった。

それが最近にわかに役に立ち出した。といって調理に使えるようになったわけではない。使い勝手がよい鍋二つを収納せずに常に置いておく場所として。

それまで数ある鍋はすべて収納していたのだが、便利な片手鍋を外に置いたままにしておく快適さに気づいてしまったのだ。手をスイと伸ばしてホイホイ使う。そう、このスイホイのリズムが私には実に心地よいものだと味をしめたのだ。

その鍋二つはサイズ違いのソーシエ。ソース作りに使うことからこの名がついた片手鍋で、表は銅、内側イノックス。旧来の銅鍋に比べるとかなり軽量だ。ソーシエには鍋底に角がある台形タイプと丸みのあるものがあるが、私が愛用しているのは〝ボンベ〟といって丸みのあるタイプ。東京で使っていた銅鍋は厚いのでかなりの重さがあり、それをまたパリまで運んだものの実際に使ったのは最初の10年ほどで、今は奥にしまっている。価値はあるものだけれど日々の扱いやすさには敵わない。

この丸型ソーシエ、ひとつは口径16㎝（底径11㎝）、もうひとつは口径20㎝（底径13㎝）。底に角がないのはソースの仕上げに鍋をゆすりながらバターを混ぜ込んだり、泡立て器を使ってソースを撹拌するのに適しているわけだが、それ以外にもこの形ならではのよさがある。

頻繁に使う口径16㎝では、牛乳を温めたりロイヤルミルクティーを作る時にありがちな鍋底の角にタンパク質が固まってこびりつくこともなく、つるりとして洗いが簡単。小さな泡立て器をこまめに動かしてショコラ・ショーを作るのにも角のないこの鍋は適している。シュー生地を木べらで練るにも大層使いやすい。またカスタードクリームのように小麦粉を使ったクレームやソースは鍋底に角のない方が具合がよいものだ。

ただこういったことは毎日の台所仕事ではない。この鍋は実際の容量にしては底面積が小さいから、小人数分の調理で特に役立つものだ。例えば小さい方のソーシエで私は1〜2人分の添え野菜をよく作るのだが、鍋底が狭いので余分に油を使わずにすむし、グラッセするにも鍋を振りやすい。食事人数が増えても、上広がりの鍋だから3人分まではこの小鍋で、それ以上になったら大きい方のソーシエを使う。そして鍋底に少しの油で少量の揚げ物ができる利点もある。アペロにオリーヴの実のフリットとか、料理に添えるオニオンやパセリも気軽に揚げられる。サラダに散らすナッツを炒る、余ったニンニクやエシャロットで少量のコンフィを作る等々。

実は、この小さい方のソーシエは一人暮らしの人や、家族の不在時に一人分の料理を作ることが多い女性には特におすすめだ。冷蔵庫のちょっとした残り物活用料理がとても楽しくなること、保証いたしますよ。

銅鍋でありながら軽く、窪みがついた細めのハンドルは女性向きともいえる、フランスMauviel社のソーシエ鍋。毎日使う調理器具は軽いうえに性能がよいものが何よりと思うこの頃。これをしまわずに常に外に出したままにしてみたところ、料理のリズムを妨げず使えて実に快適。

こちらの鉄の深鍋もフライパンも、どちらも軽いのが利点でもある川口鋳物製。下は便利にしている引き出し式テーブル。フランス人はこの前に座って野菜の皮をむいたり、サクランボの種抜きをするのだろうが、座って台所仕事をできないのが日本人だ。

# 花柄から白へ そしてブランカッセ

若い頃、雑誌『ELLE』の料理カードを見ては、いつかフランスに暮らして、こんな感じのシンプルな白い器で食事をしたい！　と憧れていた私。願い叶ってパリに暮らしはじめたのは24歳の時だった。そしてほどなく憧れの白いカフェ・オ・レ・ボウルに出合ったのは、サンジェルマン・デ・プレの、今も同じ場所にあるスーパー「モノプリ」だった。

積み重ねられたボウルは形がいびつできれいに重ならず、いくつかには黒い小さな点のシミが見えて、思っていたよりずっと安っぽかったのには少しびっくりした。フォルムが悪くないものに限って黒い点があり、表面がきれいなものに限って形が悪い。でもまずは形優先かとひとつを選んでレジにゆき、こんな感じで黒いシミがないものが欲しいと身振り手振りで伝えると、これを向こうに回して使えば、この黒い点をあなたは見ないですみますと言われ、フランス人はすごいことを言うものだと驚き、すごすごとそれを買って帰ったものだ。

帰国して実家で料理教室を始めたのは1977年4月。試食のテーブルで使ったのはパリに発つ前から実家にあったリモージュはジョルジュ・ボワイエの、ピンクの小花が散る一揃えだった。初めての雑誌撮影には、恐れ多くも料理写真の巨匠、佐伯義勝先生がお見えになり、それにサクランボのシャルロットを盛り付けて撮影していただいた。

でも本当のところ、教室では白い器を使いたかったはずだ。

しばらくして自由が丘にできた製菓材料専門店で、リムにスジが入った白無地の洋食器を見つけた時には相当嬉しかったに違いない。新潟の食器メーカーがアメリカ輸出向けに作ったもので、国内には販路がないので売れ残りをその店で引きとったとのことだった。それは少しブルーがかった色味で理想のクリーミーな白ではなかったけれど、これが私が自分ではじめて買い揃えたプレートたちだった。著書の撮影でも使ったところ、それを見たある料理人の方が「この白い食器はどこで買えるのですか?」と問い合わせていらした。それほどに、柄のない白いシンプルな器を日本では買えず、中にはこうして待ち望む人もいた時代だった。

私の憧れだった白いカフェ・オ・レ・ボウルが渋谷パルコパートⅢにオープンした「アフタヌーンティー」で発売され、待ってました! と大いに話題になったのは1981年のことだ。

そして次に出合ったのがウェッジウッドの業務用シリーズだ。87年頃だったか、西麻布交差点近くの青山墓地下にサザビーがオープンしたカフェ「B・L・T」のメニュープロデュースを任された時に、サービス用に皆で選んだクリームがかった白い皿だ。これを私はとても気に入って、料理教室の生徒さんや雑誌撮影などで度々宣伝し、どこそこで買えますよと言い過ぎたのか、これは業務用なの

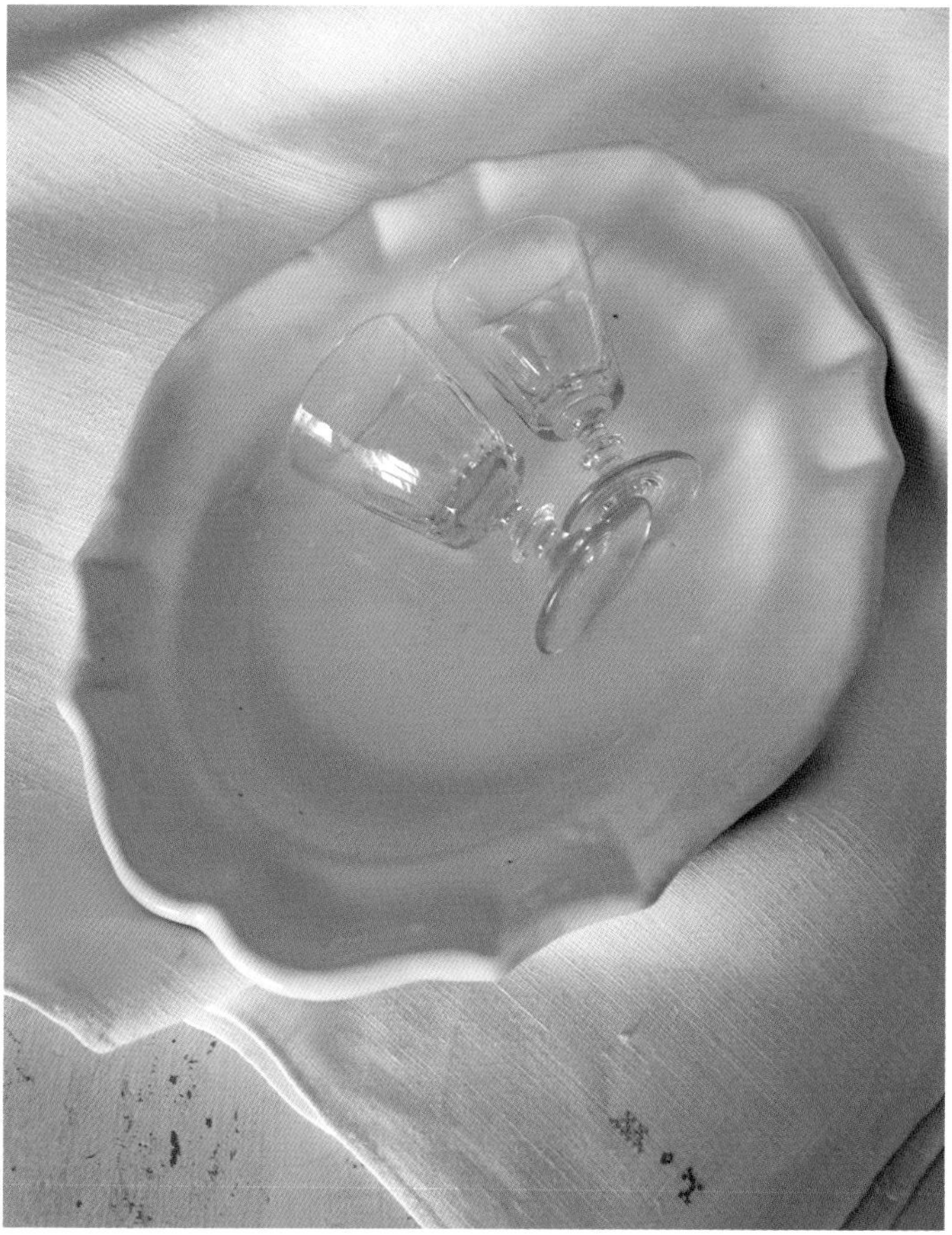

ブランカッセの器色々。右頁左上の蓋付きは小ぶりなスーピエールで、ポタージュから煮込みまで何を盛り付けてもサマになる便利なもの。ウェッジウッドの業務用。カトラリーとナイフ・レストはクリストフルのヴィンテージ。上はプロヴァンスで見つけた大皿。

で……と輸入元の方からからやんわりと釘を刺されてしまったものだ。

これを私は講習会用に16枚ずつ揃え、何も全部パリに持ってこなくてもよかったものを手放せず、今ではキッチンの食器戸棚のもっとも手に取りやすいところに置いて毎日使っている。業務用に相応しく収納スペースをできるだけ取らないように考えられながら、フォルムの美しさ、機能性、何においても素晴らしく、使い古された言葉ながらこれはまさにレストラン用食器のロールスロイスといったところだろう。そして驚くべきはその丈夫さで、86年に購入して以来モーニングカップは破損したものの、それ以外は一枚も割れていないし、縁が欠けたものもない。

その後パリで揃えたのが、フランス製Jaune de Chromeの、業務用とは対極の柔らかな生地の器。漆や和の食器とも合わせられる点でも気に入っている、フランス的ブランカッセのプレート一揃えだ。これを訳あり品のソルドでまとめて買い求めた。

純白ではない、ほんの少し蜂蜜色が混ざったような白をブランカッセという。カッセは〝壊れた〟という意味だから、純白が壊れた色。英語ではオフホワイトで、純白ではない白。どちらも灰色を含まないクリームがかった白のことだ。でもブランカッセというと、フランス人お得意の〝こんなふう……〟という微妙に洒落たニュアンスが漂い始めるのだから面白い。それこそが私たちが何かにつけて「これ、何か違う……雰囲気があるなぁ」と感じ惹きつけられる、フランスならではのニュアンスが醸し出す何か、なのだ。
使い込まれ、時を経て朽ちた表情に味わいがある白い器などは、オフホワイトよりブランカッセと呼ぶのがピタリとくる。

そうそう、忘れてはいけないブランカッセのお気に入りがもうひとつ。東京での講習会用にと揃えたジアンのフィレ・トープの、リムにベージュの手描きラインが入っているシリーズだ。このプレートのフォルム、特に底から縁に向かうカーブとその温かな質感は、すべてを当たり前のように受け止める慈愛に満ちたグランメール、おばあちゃんのようだなと思う。

リル・シュル・ラ・ソルグのブロカント市に出かけた時に見つけた私のお宝、プロヴァンスの手工芸、Boutisのナップ。写真では見えないが縁取りのレース編みリボンも素晴らしい手仕事だ。器は20年以上前のJaune de Chromeで、貫入のブルーグレーの色が気に入っている。

黄色がかったクリーム色のプレートを中心にした食卓。同じ作家のデザインによる梅の花の形の小鉢の周囲はマットなゴールドで、和洋中・甘味、何にでも使えてとても便利。パン皿にしているのは日本の陶芸家の作品で、こちらもやはりマットな仕上がりのブランカッセだ。

## キッチン雑貨、日仏優れもの比べ

この30年でパリ—東京を何度往復しただろうか。その度に持ち帰るものとは？

29年前の初里帰りのことはよく覚えている。バゲージに詰めたのはポワラーヌのミッシュ（大型の田舎パン）とパン生地で作られたリンゴのタルト。それに蜂蜜。持ち帰りが禁止とは知らずに、厳重に梱包した卵6個もお土産にした。今でこそ日本で本格的なフランスパンは珍しくないし、蜂蜜は多種輸入されている。美味しい卵も何とか手に入るようになったけれど、当時はまだまだ。

では最近ではどうか。今では何でも手に入るようになった日本だけれど、それでもこれは価値ありという定番がある。食肉は持ち込めないから、まずはバターやクレームエペッス(発酵クリーム)といった乳製品。サーモン、ニシン、サバ、タラコなど魚のスモーク。そこに冷蔵庫に残ったポテやポトフのブイヨンや、日本では手に入らないココ豆(フレッシュ白インゲン豆）を茹でたものなども。それにフレッシュでは持ち帰れない季節のフルーツと秘蔵のヴァニラビーンズで作ったコンフィチュールもお土産にしたいアイテムだ。そして調味料ではヴィネガー。オリーブオイルは選びきれないほどの種類が日本に輸入されていても、料理の風味アップに欠かせない各種フルーツヴィネガーは限られたものしか日本では手に入らないものだから。

それが東京からパリにとなると、キッチンまわりの雑貨がほとんどで食材ではない。パりに暮らして日本料理を恋しく思うことはあまりないもので、それは朝市でフランスの季節を追っていたら、作りたくなるのは和食ではないし、こちらではフランス料理を作る方がはるかに合理的だからだろう。

日本の生活雑貨は優秀だ。美しいものにあふれたアール・ド・ヴィーヴルの国フランスも、暮らしの実用雑貨は日本には敵わない。マッチは擦っても擦っても着火しにくいことがあり、蝋燭をつけようとすると、火が灯る前にマッチ棒がメラメラと燃えあがって指先がアチチとなってビックリとか。でも私が粗悪品と思うものを彼らはそうは思わない。

2001年、左岸の老舗百貨店「ル・ボン・マルシェ」の食品館、ラ・グラン・デピスリーでWA-fumi展を企画した時のことだ。和の食材ばかりでなく日本の優れたキッチン雑貨のことも知ってもらいたいと、当時のディレクター直々にまずはラップフィルムを提案した。フランスのラップには食材に移りそうな独特の匂いがあり、引っ張り出すと伸びてヘロヘロによじれ、おまけにカッターの切れ味すこぶる悪く、使い物にならないのだ。それにワンサイズしかないから日本のミニラップを見たらさぞかし感心するのではないかと思ったのだけれど……。

私の料理の試食にわざわざ出向いてくれたディレクター氏をキッチンに招き入れて、ほら、これこの通り、日本のラップはね、スッと出して、スパッと切れて、ペタッと張り付くのだと得意げに見せても、彼曰く（ヨレないように）そっと出してハサミで切ればいいいんじゃない？

**パリに持ち帰る私のキッチン雑貨リスト**

ラップフィルム大中小3サイズ。アルミホイル。日本製は薄くて紙のようだが、フランス製はぶ厚くてまるで金属の板だから。オーブン用クッキングシート。アク取り紙。野菜の冷蔵保存袋。泡立ちのよいスポンジ。たわし。吸水性が優れた台拭き。酸素系漂白剤。青ざらし石鹸。揚げ油処理剤。調理用薄手袋。それにフランスの輪ゴムは劣化しやすく、時間が経つとちぎれやすいから、これもリスト入りだ。

その一方でフランス製でなければ絶対にならないものがある。それは布巾だ。使い古してすっかりしなやかになったヴィンテージの麻の大判から、大鍋を拭くのに便利な厚手の綿麻混紡。食器用も麻１００％と、綿麻混紡。グラスを拭きあげるのは吸水性抜群な大判のエジプト綿で、これは生地が薄くてまったく毛羽立たないから、グラスの内側の隅々まで磨き上げるのに適している。十分な大きさがあるから大きなグラス全体を完璧に包み込んで拭きあげることができるのもよい。日本にもグラス専用布巾はあるけれど、小さすぎるのだ。日本製の布巾は結局手拭いの延長にあるもので、フランスの暮らしには役に立たないものがほとんどだ。

布巾は旅の思い出にもつながる。これはアルザスに行った時にコルマールで買った布巾、これはバスクを旅した時にバイヨンヌで買ったもの、これは南仏の蚤の市に出ていた50年前の貴重なデッドストックものだ、というように。とするとこの布巾はもう20年以上使っていることに、こちらは30年近く前からだと気づいて愛おしく、ずっと大切にしたいとあらためて思うのだ。

布巾を洗う。パンと勢いよく四隅を伸ばし、キッチンの窓から射し込む陽の光に当てて干す。たたむ。そしてお決まりの場所にしまう。

ささやかでも手放したくない暮らしの喜びがそこにはある。

この引き出しには気に入っている布巾が20枚以上。一番上にのっているのは25年ほど前にアルザスはコルマールで購入したもので、柄違いのもう1枚と共に今も健在。日本製でなくてはならぬスポンジやたわしのストックも同じ引き出しの奥にしまっている。

## アラン・シャペルの口笛

アラン・シャペルという料理人がいた。50代という働き盛りだった彼が南フランスで突然倒れ、そのまま帰らぬ人となったのは1990年、今から30年前のことだ。

彼が作る料理からいつも聞こえてきたのは、天から授かった素材への賛美歌だった。21世紀に入って、エル・ブジのフェラン・アドリアがエスプーマなる泡の料理を生み出すよりはるか前に、シャペルは繊細なムースで覆われたシャンピニヨンのヴルーテをデミタスカップで食前にサービスした。最初の一口、唇が優しい泡にくすぐられるあの感覚。見た目の美しさだけではなく、肉体に喜びを与えてくれる料理だった。

シャペルと共に20世紀のフランス料理界を導いたジョエル・ロブションを日本に招いて「三大シェフによるトリュフ料理の競演ディナー」という、今思えば夢のような贅沢な催しが東京で開かれたことがあった。80年代半ば過ぎのことだ。

その時ロブションは包丁はもちろんのこと、パリで普段から使い慣れているあらゆる調理器具を持ち込み、海外での仕事に完璧に備えたのに対して、シャペルが持ってきたのは白いタブリエ（仕事着）だけだったという。体ひとつさえあれば、どんな環境でも自分の料理を奏でることができると言っていたと、その会の企画をなさった山本益博さんから後日うかがい、いいお話だなと感激したものだ。

シャペルの思い出はいつも花と共にある。

ミオネー村のレストランは入り口から中庭までどこも花で満ち溢れていた。アペリティフをいただくテラスは花々のかたわらで、とても安らかな場所だった。店に飾る花はできるだけ自分で育てたものにしたいけれど、やはりそれだけでは足りなくて花市に出かけて自分で選ぶのだと彼は言った。料理の素材なら部下に任せることもできるけれど、花は自分でなければダメなんだとも言っていた。

あとは客が来るのを待つばかり。シャペルはよく通る美しい口笛を吹きながら花瓶の一つひとつを点検して歩く。しなびてしまった花びらをそっとつまみ、サラダを盛り付ける時のような優しい指の動きで、ふわふわっとブーケに空気を通わせる。頭が垂れかかった花も、残る命を愛する彼は簡単には抜き取りはしない。

「あら、これはもうおしまいね……」私だったらきっと迷わずに抜いてしまうだろうバラが、ダリアが、まだ綺麗だよというシャペルの口笛で蘇る。

窓外の真っ青な空、庭の緑、陽の匂いが染み込んだ土や石。こんなナチュラルな環境では、こうして枯れかけた草花も美しく見えるものだということを私は彼に教えられたのだった。

首を下げ始めたクリスマスローズを短
く切って、バットに横たえて水あげ中。

庭のラベンダーを可愛いブーケにして手土産にお持ちくださったものを、サロンのシュミネ(暖炉)の上に飾って。もうひとつはマリー・アントワネットが愛したという矢車菊。どちらも6月のブルー。

従来のアネモネは開ききると困ったものだったが、この頃では次々と新しい品種が出てきては目を楽しませてくれる。

## おばあちゃんの秘密

**鴨や鶏のガラでポトフ**

一羽をさばいて残ったガラに、縮みキャベツの葉を重ねてギュッと巻いて詰め、ジャガイモや人参、カブなどと一緒に火にかける。ガラから旨味が出て、キャベツは煮崩さずに、肉はなくとも美味しいポトフができる。煮上がりに生ソーセージを加えたり、田舎ハム(Jambon de pays)を添えて食べる。

**胡桃**

森から届いて間もない秋口の胡桃の甘くミルキーな風味は、年を越す頃には失せてしまうもの。柔らかさと美味しさを蘇らせるには殻から実を取り出して牛乳にしばらく浸けておくとよい。

**オレンジの皮**

オレンジを回しながら細長くむいた皮は、キッチンの調理台近くの壁にぶら下げて芳香剤代わりに。

**ハーブ**

薄手の布巾か何枚か重ねたペーパータオルを水に浸けてからきつく絞り、ハーブをそっと巻き込むように包んで。葉が弱いバジルやコリアンダーは密閉容器に入れ、根の方を下にして立てた状態で冷蔵保存する。よく使うパセリは残ったら刻んで製氷皿に入れ、水を加えて凍らせる。煮込みやポタージュの仕上げに加えて使う。

しなびたハーブは50℃の湯をたっぷり張ったボウルに浸け、湯がすっかり冷たくなるまでおくと、もとの勢いが蘇る。ただし葉が弱いバジルやコリアンダーにこの方法は使えない。

今では一年中ハーブを手に入れることはできるが、昔は冬に備えて陶器の壺に粗塩と共に詰めて保存したという。ローズマリーやタイムなど、1パック買っても一度に使い切れない場合はこの方法がある。ハーブを取り出して、あるいは香りがついた塩を料理の仕上げに振って使う。

ローリエには防腐効果があるので、煮込み料理などの保存期間を長く保つことができる。切り花を生ける際、生のローリエの葉を花瓶の水に入れておくのは効果的。

**食材の冷凍保存**

蓋付き容器に保存したいものを入れ、その上にペーパータオルをクシャクシャにしたもの（これがポイント）をかぶせておく。冷凍庫内の湿った冷気は紙が吸い込んでくれるので、食材の風味を劣化させる霜を避けることができる。ブイヨンやソースなど液状のもの、おろしチーズなどはいったん冷凍し、固まったらその上にラップフィルムをかぶせた上で同様に紙をかぶせる。

**牛乳でラベル貼り**

手作りコンフィチュールやピクルスなどを入れた瓶のラベル貼りは牛乳で。手書きした紙やパッケージの切り抜きに牛乳をつけてガラス瓶に貼り付ける。そっと指を当て、内側の空気を除きながら押さえつけ、ペーパータオルを当てて乾かす。洗ってもゴシゴシこすらない限りははがれることもない。

抗菌作用のあるフレッシュローリエの葉を花瓶の水に入れて花を生ける。イチジクを乾燥させる時に周囲にローリエの葉を置くのはその防虫効果が期待されてのこと。

古本を開いて初めて知ったフランスのおばあちゃんの知恵。紙に牛乳をつけて瓶に貼り付けると、そのタンパク質が乾くことで、糊を使うよりはるかにきれいに、ピタリとラベル貼りができる。

# 6章　パリのしっぽ

## 役者が揃った街で生き生きと暮らす

# パリのしっぽ

朝市の野菜スタンドで順番待ちをしていると、何人か前のマダムと店の人のやりとりが聞こえてきた。

「これは白人参ですか？」

「いえ、これはPanaisパネ（パースニップ）よ」

「あら、知らなかったわ、パネ？　どんな味？　どうやって食べるのかしら」

「人参とセロリアック（根セロリ）の間のような……ポトフとか、ポタージュに……」

と言いかけると、買い物を終えたムッシュが帰りがけに口を挟む。

「水を使わない料理もいいねぇ、私はあなたにポワレをおすすめしますよ」


買い物に要する時間の目安がつく東京の暮らしに比べると、パリではどこに行っても行列に並ばされ、想定外に時間がかかることにイライラさせられたものだ。何しろ話しはじめると仕事の手が完全に止まるフランス人。客が何か問いかければ、そこに長い行列ができていようと、袋に詰めかけたジャガイモを手に握ったまま、身振り手振りでおしゃべりが始まる。接客中なのにもかかわらず、売り子仲間がそこに割って入って話しかければ、客を平気で待たせてしばし相手をする。

ところがその行列には御利益があるとわかるのに時間はかからなかった。

行列のことをフランス語では queue クゥ、しっぽという。パン屋の行列、肉屋の行列、惣菜屋の行列。もちろん食材店ばかりではない。美術館や映画館、街のいたるところ、あっちにもこっちにもしっぽ。どのしっぽも老若男女、人種も色々、お金持ちもつましい人も、上も下も右も左も、分け隔てがないところがいかにもパリ風だ。

順番待ちしながら前の客が買ったものに興味を覚えてその日の献立を変えるのはよくあること。聞き耳頭巾のように耳をすませると、それは知らなかったと得した気分になる料理のアイデアをもらえることもある。パリのしっぽに並ぶのは忍耐が要るけれど、それをチャラにするだけのナルホドとの出会いの機会でもあるのだ。

実際その日はムッシュのおすすめ、パネのポワレを試したくて私も購入。家に帰って人参も同時に焼いてみたところ、パネのほうは早々と火が通る。糖度がかなり高いらしくて薄いカラメル色に焦げるのも早く、そこに塩を振るだけで何と甘く美味しかったことか。

しかし！　行列する人の話を信じてとんだことになった例もある。モン・サン・ミッシェルの仔羊、Pré-salé プレ・サレのことが話題になっていた店先で、プレ・サレとは préalablement あらかじめ salé 塩味がついた、つまり塩気のある仔羊肉のことだと言っているのを小耳にはさみ、聞き違いかもしれないのになるほど、海風を受けて塩気を含んだ草を食んで育つとそうなるのかと信じたのが迂闊《うかつ》だった。そして後日、確認もせずに聞いた通りに原稿に書いて本も出てしまってから、違いますよとご指摘をいただいたのだ。プレ・サレのプレは、サンジェルマン・デ・プレのプレ、野原。塩気を含んだ草が生えた牧草地のことだったのだ。あぁ〜恥ずかしい。

その一方でこんなこともあった。Sot-l'y-laisse だ。ソリレスとは sot（おバカさん）はそれを残す、という意味で、腰に近い鶏の背骨の左右に一つずつある、男性の親指の先ほどの大きさの肉のことで、骨に半分食い込んでいるので見逃しやすい。これがプリッとして格別味わい深いことを知らずに食べ残すなんておバカさんだね、ということでこの名が付いている。ある日肉屋でいつものように順番待ちをしていると、今まさに焼き上がったばかりのプーレ・ロチを買おうとする客が、ソリレスとはどの部分であるか、と店の若いのに訊いている。しかし彼はこの仕事を始めたばかりなのか、ソリレスを知らない。側にいた私が「ここですよ、ここに二つ」と教えると、たまたま他にも知らない客がいて、皆でプーレ・ロチの腰をしげしげと覗き込むのだった。

パリ名物のしっぽもCOVID-19以来様変わりした。ソシアルディスタンスを取るので行列はぐっと長くなり、順番待ちしながら品定めしたくても、売り物に近づけるのは自分の番が回って来る直前となる。そこでこのくらいなら問題ないでしょうと、ほんの少し動いてスタンドを覗き込もうとすると、前のおじいさんがムムッと振り向いて、私の足元にジロリと目を落とし、「アタンション！（気をつけて）」と言われたりもする。

「あらあら、ごめんなさいっ！」と、慌てて後ろに飛び退くと、今度は私の後ろの人がまた後ろにズズッと移動する。どうやらパリのしっぽにつくのに、これからは双眼鏡が必要になったということかしら？

# コンコルド広場でガス欠

　サントノレのホテルで昼の約束があった私は、前日に東京から帰ったばかりで余裕がないまま、時間ギリギリで車に飛び乗り家を出た。そして会食をすませ、家と同じ方向の友達を一人乗せてコンコルド広場のまさに真ん中にさしかかった時、あら？　もしや……。ゾクッとして血の気がさっと引いた。アクセルを踏む足に不吉な感触が伝わったのだ。
　そのフカフカッとしたペダルの感じには覚えがあった。東京で乗っていた古い英国車はガソリンメーターに問題があり、だいたいこのくらいはまだ入っているだろうと高をくくっていると、突然トトトト、と走らなくなることが一度ならずだったのだから。

　そうよ、それよ、ガス欠よ！

　パリを発つ時には自覚していたのだ、ガソリンがギリギリだということを。それにもかかわらず帰ったらすっかり忘れてメーターを確認することもなく、慌てて家を出た私の何と馬鹿なこと。

さぁ落ち着こう。

まずはこの際やることは、広場のど真ん中に停まったこの車を端に寄せることだ。そこで向こうの安全地帯にいる人たちにヘルプを頼もうと、同乗の友達に交渉に行ってもらう。私はいったん体ひとつで外に出てから、そうだ、いくら車のすぐ側にいるからって、ここはパリ、油断大敵、バッグを車内に置きっぱなしはまずいと気づいたのは正しかった。けれどそれがよりによって色鮮やかな造花が全面に縫い付けられたシチリア土産のド派手なバッグ。パリの日常には出番がないリゾート感満々なのだけれど、好天だし、ホテルのガーデンレストランならピッタリかもと、その日に限って持って出たのだった。車がエンコして困っている人が持つにしては派手過ぎるバッグ。おまけに車は真っ赤なMINI。

と、その時ですよ、車から降りてものの1分経ったかどうかのタイミングで、私の目に入ったのはロワイヤル通りから広場に向かってガタガタと大きな音を立てて走ってくる、駐車違反車撤去のレッカー車だった。それが何と、何も引かずにカラで走ってくるではないか。まるで私のために？　いや、それはない。でもこれをやり過ごす手はないと、私は小さな背を思いきり伸ばして、派手なシチリアバッグを頭上で振り、そのレッカー車停まって〜！　私をガソリンスタンドに連れてって〜！　とやったのだ。

はたしてそのレッカー車は、通り過ぎるか、停まってくれるかと胸に手を当てる思いの私に向かってまっすぐに、徐々にスピードを落とし、そして目の前でピタッと停まってくれたのだ。

その時私は、助けてくださいと泣きつくような可愛い頼み方ではなく、焦る気持ちを抑えて厳然とこう言ったような気がするのだ。

「よかったら、この車を引いて、そこの橋を渡って右、すぐそこのアンヴァリッド広場の地下に、ガソリンスタンド、ありますよね、そこまでほんの少しの距離、お願いできたらありがたいんですが」

するとどうだ、レッカー車のお兄さんは迷う様子もなく、何ら条件を出すでもなく、実にシンプルに「あぁ、いいよ」と言ってくれたのだった。そう、軽々しくでもなく、勿体ぶることもまったくなく、私はそのためにここにいます、とでもいうような感じで。

さてそこからも早かった。様子に気づいて車に戻り「え、どうしたの、何でもうここにレッカー車がいるの?」と驚いた友達と二人で助手席にぎゅうぎゅう詰めになって、まんまと広場を後にしたのだった。エンコしてから何とあっという間だったことか。遠巻きで見ていた人たちが、どこかでカメラが回って台本通りに演じているのでは? と思ってもおかしくない、あまりに出来過ぎの一幕だった。

ガソリンを入れると、私はレッカー車を意気揚々と先導して銀行のＡＴＭまで走り、お礼をしたのはいうまでもない。当然、お互いに前例のないことだし、その額を彼がどう思ったのかわからない。でも感じよく、ありがとうと受け取ってくれて颯爽と、というか、ガタガタとまた空レッカーの音を立てて走り去っていったのだった。

# 雨の日の洗車

その日、パリには珍しくどしゃ降りの雨が降る様子を、私は家の中から眺めていた。気候が変わって最近ではよく雨が降るようになったが、少し前までパリで雨は滅多に降らず、降っても霧雨程度ですぐに止み、その日のように激しく音を立てて降るのはとても珍しいことだった。だから街路樹の木の葉に強く打ち付ける雨音は私に日本を思い起こさせるもの。やがてその雨音は、小さい頃の私の記憶を呼び覚ますのだ。雨音の不思議。

アパートから傘もささずに飛び出してゆく人がいる。パーカーのフードをかぶり、短パンで手にはバケツ。前の大通りを渡って一台の車に駆け寄った彼が始めたことといったら……そう、洗車ですよ、洗車！

自分はズブ濡れになりながら、バケツから何かを取り出して念入りにゴシゴシしているのは、落下した鳥のフンがすっかり乾いてしぶとく張り付いているところなのだろう。パリの車は汚れたままのことも多いのだが、それはガソリンスタンドそのものが、これが不思議なほど少ないこともあるし、古い建物の地下に後から無理やり造ったパーキングには洗車場までの余裕がないこともある。それに車は単に人の移動と物を運搬する手段と割り切ってもいるだろうから、車で見栄を張ることもない。洗車代はもったいないと考える倹約家のパリジャンも多いのだろう。

雨水洗車を終えた彼は、こちらに向かって通りを駆け渡りながら、何かに気づいて「ヤァ！」と軽く手を挙げている。その方向に目をやると、プラタナスの大木の下にいて気づかなかったのだが、そこにももう一人雨水洗車する人が。考えてみれば、遊園地やテーマパークのような人工的な遊び場は好まず、休暇先の田舎でお金を使わずに森や川を遊び場にして育つフランス人だからかと、腑に落ちたのだった。

洗車といえば、そういえばこんなこともと思い出したのが、夏の日の商店街で目撃した愉快な洗車風景だ。ヴァカンスが始まる前日のことで、その時のことをこんなふうに私は書いている。

「魚屋の店先では、明日から休暇になるのか、店主が口笛吹き吹き車の掃除中。愛車の屋根に氷を積み上げ、陽に当たって溶けて流れ落ちる水で洗車だ。水はさすがに魚臭い」

大雨の日の洗車も快晴の日の洗車も、考えてみれば何とエコロジーなこと！

# 私を歓迎しない誰かさん

ここまで短期間に重なると……。

この家に越してきたばかりのこと、ありとあらゆるガラスが立て続けに割れるという現象が起こった。

まず額が壁から落下してガラスが割れる。大工さんの仕事ついでにつけてもらったフックで、紐はしっかり掛かっていたはずなのに。

冷蔵庫を開けたら扉裏のポケットからガラス瓶がタイルの床に落ちて見事に割れる。

食器棚を開けたら上からいきなりガラスコップが落ちて割れる。

撮影の最中、カメラマンがテーブルランプをふっと持ち上げたら、ガラスのシェードがあっさりと落下して割れる。それにしてもアール・デコ期の分厚い磨りガラスのシェードが、低い位置から木の床に落ちた程度でパカッと割れるものだろうか。

しかしここまでくると……。

蚤の市で買った小さなテーブルのガラス板を部屋の隅に立てかけておいたら知らぬ間にヒビが入っている。そっと持ち上げたら二つに割れた。その日は私以外には誰もいなかったというのに、誰かが通りかかって足でも引っ掛けたのだろうか……。

誰かって、誰？

たった2週間も経たない間にこれだけのガラスが次々に割れた。

この家には私を歓迎しない誰かさんがいる。いくら何でもこんなに続けてということは、これは神がかりならぬ霊がかりというものだと私は思った。でも不思議なことにさほど気味の悪いものではない。これは霊さんの仕業だわね、それはいるわよ、霊ならあっちにもこっちにも、だってここはパリですもの、うまく共存してゆくことだと思ったのだった。

それから1年ほど経った頃だろうか。その日は日本からいらした方と四人でのディナーだった。その中のお一人はどうやら霊感が強いらしく、何となく話題はそちらの方に。

「こういう話になるということはね、霊さんが私たちのことが気になってここに一緒にいるからなのよね」

「そうそう、こういう話になるように霊さんに仕向けられているということ」

「彼らは何語でも理解できると思いません？　ここがフランスだから日本語はわからないと思ったら大間違い。今喋っていること、みんな理解してる」

「そうそう、そこが不思議。霊はすべてを超えている、ボーダレスということよ」

「私にはかわいいおばあさんの霊のように思えるな……」


さて食事も終わり、三脚を立ててセルフタイマーで記念撮影することに。

チチチチ……とタイマーの音に合わせて四人で笑顔を作り、ハイ、バシャッ！ となるはずが、おや？ シャッターが下りない。あれ？ ともう一度、そして三度めもやはりシャッターは下りないのだった。


「あらら、もしかして……」

そう二人が目を合わせた瞬間、離れたところにある棚の一番上に数冊だけ並べていた本の端の二冊だけが、建物が揺れたわけでもないのにパタッといきなり倒れたのだ。ずっとそこに立てたまま長いこと触ったこともなかった本が。

この後カメラのシャッターは下りた。そしてこの日からさらに数年間、霊さんは私の側にいたようだが、やがてその存在を感じることはなくなった。目に見えるものに限らず、パリはあらゆるものと共存して生きていることを肌身で感じる街だ。この家にはこのおばあさん以外の霊もやって来たし、地下室から一緒についてきて一晩中歌って私を眠らせてくれない霊もいたのだから。

## ボー・ペール、ベル・メール

フランスでは舅をボー・ペール、姑はベル・メールという。男性名詞の前に付くのがボーで、女性名詞の前に付くのがベル。美しい、きれいな、素晴らしい、立派な、幸せな、麗しい、愛しいといった好ましい意味合いをたくさん持つ。それにペール（父）、メール（母）をつけて義父、義母。英語ではファザー・イン・ロゥ、マザー・イン・ロゥ。法律上の父、母といって関係性を明確にするのとはだいぶ違う。ボー・パランは伴侶の両親。義理の兄弟はボー・フレール、義理の姉妹はベル・スールだ。

また子供の立場からボー・ペールといったら、それは自分の母の再婚相手。ベル・メールは父の再婚相手。そして婿はボー・フィス、嫁はベル・フィーユ。アングロサクソンが〝法律上の〟というところを、すべてボーとベルという感じのよい言葉を付けて、何となく羨ましいのだ。

ついでに言えば男の子の孫はプチ・フィス、女の子はプチット・フィーユ。日本語で孫は文字を見ての通り自分の子供を通しての存在。ところがフランスでは孫のことを私の小さな息子、私の小さな娘という。いかにも〝私〟を主体に生きるフランス人らしくて、これまた何となく羨ましいのだ。

義父母のことはボー・ペール、ベル・メール。日本人にも覚えやすいと思うので、私たちも取り入れてはどうだろう。親の離婚も少なくないから、〝新しいお父さんが〟とか〝今度のお母さんが〟と説明的に言わずに、私のボー・ペール、私のベル・メール。もちろん家族と会話する時はお父さん、お母さんで、他人に対して関係性を伝えたい時にはの話だ。

フランス語がそのままカタカナ日本語になっている例はたくさんある。ブーケ、シルエット、アトリエ、キオスク、メトロ、モード、アンティーク、シネマから、アロマ、ニュアンス、アバンギャルド、グランプリ等々。クーデターやバラックもフランス語だ。この前までジャムと言っていたものが、あっという間にフランス語のコンフィチュールに、チーズがフロマージュで通じるようになった例もたくさんある。それに日本人はフランス語の雰囲気が好きではないですか。だったら、堅苦しい義父、義母も、優しいニュアンスのあるフランス語にしてはどうだろう。よい考えだと思うのだけれどなぁ。

東京でのことだ。目の前を小さな男の子とその父親が手をつないで歩いていた。すると私の背後から早足で近づく女の人の声がする。「お父さん、お父さん、ちょっとちょっと！」私を通り越して〝お父さん〟の背中に追いついたその人は、彼女がお父さんと呼ぶ人の母親で、小さな男の子のおばあさん。少しして追いついたのは小さな女の子を連れた若いお母さんで、彼女もまた夫のことをお父さんと呼ぶのであった。日本では家族中で一番小さな存在を中心にしてお互いを呼び合うからこういうことになる。日本語と違いJe（私）という主語を省いて喋ることがないフランス人にとって、Jeは生涯で最も多く口にする言葉であるはず。そのフランス人からしたら、自分の存在を軸にせずに、息子のことをお父さんと呼ぶのは摩訶不思議なことだろう。

# いつまでも減らないカフェ・アロンジェ

「マドモワゼル、今朝のご機嫌はいかがですか？」

ギャルソンの声がする方を見ると、80も半ばを過ぎた小さな小さなおばあさんが席に着こうとしているところだった。紺のジャケットにグレーのスカート、太いかかとのパンプスという、典型的な老マドモワゼルスタイルだ。ついさっき近所の銀行で順番待ちをしていた時、入り口の重たい扉を数cm押したきり、全体重かけてもそれ以上動かすことができずにチビッとかたまっていた、あのおばあさん。気づいた通りがかりの人に助けられてやっと中に入れた、かわいらしいおばあさんだ。

彼女が席に着くと「いつものように、ですね」「そう、いつものようにね」と目配せでギャルソンと会話し、やがて一杯のカフェとバター付きタルチーヌ、ステンレスの小さなポット、そして水が入ったグラスが運ばれてきた。

おばあさんはバターの紙を開くと、バターナイフなどは置いていないカフェのことだ、朝のタルチーヌには不釣り合いな、そのうえ彼女の細くて華奢な指には大き過ぎていかにも重そうなナイフでバターをとり、パンの切り口に塗りつける。この店のタルチーヌ用の細いパンは、よく焼けたクルートに中はふわふわ膨らんでいない重みのある生地。おばあさんがそれを噛み切るのは容易ではないはずだ。銀行の扉も開けられなかった非力なこの人に食べられるのだろうか。

そんな私の余計な心配をよそに、おばあさんは皺だらけの口元をモグモグ、すっかり肉づきが薄くなったこめかみをその度にピクピクさせながら、そのタルチーヌをゆっくり食べると、次はカフェを一口。ステンレスのポットには熱いお湯が入っていたようで、それをカップに少々注ぐと水位が上がり、そこでまたカフェを一口。カフェのお湯割り、カフェ・アロンジェだ。カフェ・アメリカンははじめから薄めにいれたコーヒーで、アロンジェはエスプレッソとお湯別々サービスで、自分で割って飲むものだ。もしあなたが濃いエスプレッソは苦手だけれど、パリのカフェで〝アメリカン〟と口にしたくなかったら、カフェ・アロンジェと注文するのがよいだろう。

さておばあさんはカフェを一口飲むたびにお湯で薄めるものだから、それは徐々に薄まりながらもなかなか減らない。薄めては一口すすり、タルチーヌをモグモグし、またカフェにお湯を注いで薄めて飲んで、タルチーヌをモグモグ、そしたらまたお湯で薄めて、とするものだから、いつまでたっても……。

今も毎日通りかかるこのカフェで何度かこのおばあさんと出会い、いつの頃からか見かけなくなった。そしてパリで老マドモワゼルスタイルのお年寄りに出会うこともめっきり少なくなった。街の商店やカフェでお歳を召したご婦人に「マドモワゼル」と呼びかける声も聞こえなくなったこの頃だ。

## 晴れがましかったコカ・コーラ

そこはフランス料理界のレジェンドシェフ、ジョエル・ロブションが手がけることで話題をさらっていたカウンターレストラン。ある日のこと私たちが店に到着すると、客席の一角は賑やかなアメリカ人ツーリスト客ですでに盛り上がっていた。そして注文を終えた彼らのところにカウンターの内側から穏やかな笑顔で近づいたのは年配のソムリエだ。

「お飲物はどうなさいますか？」

すると、あろうことかと言っては悪いが、彼らは一斉に「コカ・コーラを！」。

えっ、コークをこの店で？ カウンターレストランといってもそこは高級店。最高に吟味された素材で料理を提供する店なのですけれど。

オレンジジュースよりはまだマシかしら？ コカ・コーラとプーレ・ロチなら、そう、まだあり得るかもしれないけど。いや、そもそもこの店、コカ・コーラを置いてるの？ ところが、そんな私の目を覚まさせてくれたのは、そのソムリエの見事なサービスぶりだった。

どうしたかって？

彼はまず、磨き上げられたグラスをその一行の前に丁寧に置くといったん立ち去る。裏でグラスに注いだコカ・コーラを運んでくるのではない、ということがまず驚き。

次に現れた時には右手に冷えたコークの瓶。それでは足りないので左手にもう一本とサービス用の白い布のナプキン。差し出した右手の瓶の持ち方はあくまでもエレガントで、こうなるとコークがコークでないような。そして背筋をピシッと伸ばして、「よろしいですか」と客の目を一瞬見てから（ここもポイント）、まるで息を止めているかのような静けさでもって、コカ・コーラをグラスにゆっくりと、それは丁寧に注ぎ、最後は雫が垂れないように瓶の口をくるりと回した。

その様子をカウンターを囲んでいる他のお客たちも思わず見守る。賑やかなアメリカ人客もし～んとして、グラスに注がれてゆくコカ・コーラを見つめるのだった。でもそこはコークであるからシャンパーニュのようにシュワシュワッとはゆかず、一瞬静かになった店内にブシュブシュッ、ブチブチッと大雑把な泡を立てながら、皆にじ～っと見つめられたコカ・コーラ。晴れがましかったのか、ちょっと恥ずかしかったのか。

ところで、フランスではコカ・コーラを薬代わりに飲むと伝え聞いて、驚いた方もあるのでは？　でもそれはマコトのお話だ。

息子がまだ中学時代、体調を崩して街のドクターにかかった時のこと。「コカ・コーラを飲めばすぐ治りますよ」とあっさり言われ、二人して呆気にとられたものだった。それ以前に、顔にできた大きな吹き出物が悪化したので同じ医者にかかった時には、「あぁ、ガールフレンドができたら治りますよ」と診断されてショックを受けた後だったから、息子はこれで完全にフランスの街医者不信に陥ったことだろう。

しかしフランスでは、コカ・コーラの炭酸と糖は疲労回復や血液量を増やす効果があり、消化促進や胃腸炎（因みに、こちらでは食あたりは「ガストロ」と俗称される）にも効くとは誰もが信じるところのようだ。

そして意外なことに料理にも使われる。Poulet au Coca-Colaというびっくりレシピがあるが、ジャンクではないきちんとした一品料理だ。コカ・コーラにとっては、日本より一目置かれるフランスの方が、はるかに居心地よいに違いない。

# 非常事態に強いフランス人

パリでは珍しいゲリラ豪雨に見舞われたある日、5階にあるわが家のキッチンの洗い場でゴボゴボと水が上がる音がし始めてびっくり。排水口にとりあえず布を詰め、家中で一番重たい鍋を二つ重ねてその上にドンとのせた。東京で料理教室を始めた時に購入した、今なら農家の納屋に眠っていそうな黒い鋳物鍋だ。引越しの時にパリまで運んで里帰りさせたものの、その頃はすでに現役引退で棚の上だったのに、そんな役回りで排水口の上に陣取らされてしまったのだ。

結局水が吹き出すことはなく、しばらくすると雨は止み、外の様子も落ち着いたと見て車で外出した私の目に飛び込んだのは、パリ中の信号機が消えているという非常事態だった。しかし、そこはフランス人、信号が消えたといって慌てても騒ぎもしない。そうなったらそうなったで、ボディーランゲージならぬ、カーランゲージでもって、突っ張ったり、譲ったり、阿吽の呼吸で、混乱した大きな交差点を涼しい顔をして渡ってゆくのだった。こういう時のフランス人には惚れ惚れだ。

ストライキで公共交通機関がひと月も完全に麻痺することは、日本では考えられないことだ。これはある年のゼネストでのこと、左右二車線ずつの近所の大通りが、いつの間にか交通量の多い方は境界を越して三車線になり、少ない方は一車線通行となった。自然発生的にそうなり、警察が取り締まることもない。信号などまるで役に立たなくなった交差点があちこちに出現。するとたまりかねたドライバーが車を降り、腕を振り回して周囲に指示を送り、入り乱れた車をほぐしにかかる。それが男ばかりでなく、白髪のおばあさんまでが実に勇ましく堂々と誘導するのだから恐れ入る。私の車のボンネットや脇腹をパンパン平手で叩いて、ほらそっちにハンドル切って、そら次はこっちにクルクル回して、と。そんな状況で思わず笑ってしまったのは、混乱の交差点に紛れ込んでしまったポリスの車が、市民の指示に従って脱出する図。周囲の車のドライバーがからかって、遠慮がちにクラクションを鳴らす。

それが今なら、可能な人たちはテレワークに入るだろう。でも当時はそうはいかなかった。何ひとつ交通手段がない中、人々は歩く、歩く、ひたすら歩く。そして運がよかったらヒッチハイクだ。こういう時、見も知らぬ人を車に乗せるドライバーが結構いるものなのだ。非常事態下では誰に言われるでもなく、自然に互助作用が働くのがまたフランス。私も安全そうな中年の女性二人組を乗せたことがある。この辺でというあたりに着くと、「ありがとう、でも今度誰かを乗せることがあったら、ハンドバッグは助手席ではなく、シートの下に置いとくことよ」とアドバイスも忘れずに。そうだそうだ、ごもっとも。

# 優しいベンチ

バン・ピュブリック。公共ベンチ。立ち止まって誰でも自由に時を過ごすことができるベンチはパリにいったいいくつくらいあるのだろう。この街のベンチはピクニックや日光浴のためだけでなく、分け隔てなく誰にも開かれた場所として存在すること自体にも意味があるようだ。

19世紀後半のジョルジュ・オスマンによるパリ大改造で、それまでは運河沿いや散歩道、公園などに置かれていた公共ベンチを、大通りに沿って〝道に句読点をつけるように〟して設置したという。ガス灯やキオスクも同じ目的でこの時に登場したらしい。このような思想があって改造されたパリは人や車が目的地までただまっすぐに移動し、用をたすための動線を張り巡らせただけの街ではない。立ち止まって休み、ちょっとした時間と心の隙間を埋める場所が、それこそ街に点を打つように存在するのだ。

コロナの渦中フランスでも盛んに聞いた言葉、「不要不急」。公共ベンチは必需ではないし、そこでひと時を過ごすのは体の具合が急に悪くなったのでもない限りは不急なことだ。あの時は美術館《ミュゼ》もカフェも花屋も不要不急といわれたけれど、ひと時それらを完全に失ってみて、その不要不急なモノやコトにこそ実は人間らしい営みがあったことを私たちは思い知ったのだ。

ある日のこと、外出から戻った私はアパート前の通りに縦列駐車をしようとしていた。パリの路上駐車はサバイバル。前後の車に挟まれたぎりぎりのスペースに停めるのは一種スポーツのようで、上手く一度で決めれば「やったね〜」と、その都度単純に気分がよくなるものだ。

その日も運よく見つけたスペースに上手いことねじ込もうと、ホイホイいい調子でバックしながら急角度で車のお尻を突っ込んだのだが……。

その瞬間私はあるものに目を奪われて不覚にも動揺してブレーキのタイミングを逸し、アッと思った時には右後ろのタイヤホイールをガリガリ縁石にぶつけていた。

何が起こったかって？

車を停めようとしていたすぐ脇のベンチで、服というよりボロ布をまとった、明らかに路上生活者と思える中年の男女が、体を向け合い、互いの頭に手を回して見つめ合い、語り合っていたのだ。

私はそのすぐ横で、幸せな時を過ごす二人に水を差すように、ブルンブルン無粋な音を立てて何度もハンドルを切り返し、やっとのことで駐車完了。

傷つけたホイールを確認もできず、とにかくこの場を離れようとあたふたと家へ向かう私のそばを何人かの通行人が通り過ぎる。パンパンに膨らんだ汚れた大袋を足元に置いて見つめ合うベンチの二人を、さすがにパリジャンは誰一人気に留める素振りを見せずに通り過ぎてゆく。ただ小さな犬が一匹、チラッと振り返ったのにはちょっと笑えたけれど。あら？　もしかしたら私もワンコと同じレベル？

二人が過ごしていたベンチはパリ大改造でオスマンに重用された建築家ガブリエル・ダヴィウのデザインによるものだそうだ。2013年にはパリ市内の10万ものダヴィウベンチが修復不可能なものを除いて修繕され、元の場所に戻されたという。

## パリは人ったらし

東京からパリに戻った翌朝、人通りが少ないうちに街に出て近くのカフェで過ごすのは至福のひと時だ。

至福なんて最上級の言葉を使うとは大袈裟な？

いえいえ、こんなことがこの上なく幸せに思える、それがパリなのだと言うしかない。

そこに座った途端に、ここを不在にしていたことなど何もなかったかのように、旅立った時と今がつながる。もう何度も経験しているのだ。それが数ヶ月でも5年でも、それ以上でも。

「あなた、しばらく消えてたね」

注文を取りに来たギャルソンが私に話しかけてきた。

その年は思いがけず東京での滞在が延びて、4ヶ月ぶりくらいにパリに戻ったのだ。だからそれは久しぶりに現れた私への一言だったのだけれど、でも少し驚いた。この店で彼を見かけるようになって5年は経っていたが、注文と会計時の短いやりとり以外、特に言葉を交わしたこともない人だったから。私の存在など多くの客の一人。特に気にかけてもらったことも、お愛想を言ってもらったこともない。その彼が私の不在を気にしていたのだ。

無愛想なようで、キメの一言は言ってくれるものだ。

外に出ると犬がリードをつけずにこちらに向かって歩いてくる。短毛で頭の形がくっきり見える犬種で、当然中にはメスもいるのだろうが、私にはオスにしか見えない男前の顔立ちだ。

それが、どう見ても犬には違いないが、どこかで会った人のような気がするのだなぁ。

え〜、あなた誰だっけ、誰だっけ、最後にどこで会ったっけ……。

もうそう若くはないのだろう、チョコまかせずに体を左右に揺らしてゆったりと歩く姿はおっさんぽい。お互いにちょっと意識して歩みを遅くすると、彼はすれ違いざまに私のスネを鼻先で突いてこう言った。

「あれ、マリコじゃない？　パリにいたんだ、バッタリだね」とね。

立ち去る方向を振り向いて見ると、リードをブラブラと手にだいぶ先を歩いていたムッシュが立ち止まって「おいおい、行くぞ！　何してるんだ」と口笛と顎で彼を呼び寄せた。

背後から吹き寄せた生暖かい風が、私の首筋をくすぐって何かを囁《ささや》いていったような気がした。

こんなふうにパリは人の心をさざ波立たせるのがうまいのだ。

私だけが特別なのではない、誰にだってパリは同じよう。調子のいいやつだと思っても、愛すべき人ったらしな街なのだ。

ここを去る者をパリは引き止めはしないけれど、港に向かう旅人たちを後から急いで追いかけてきたふりをしてこう言う。

「帰るの？ そうか、寂しくなるなぁ、でもきっとまた戻ってくるよね。その時まであなたの居場所は取っておくからさ」

そんな言葉がチクッと気持ちに突き刺さって、ずっとはずれなくて、気になって、人はまたパリに舞い戻るのだろう。

# あとがき

あのとき私は、パリで、どうしていたのか。

夜中に起き出して書きものを進めた日、空がかすかに白みはじめる頃にはサロンの窓辺に座って、夜明け空が刻々と変化するさまを眺めたものでした。黄金の光が地平から昇りはじめ、それが驚くべき速度で劇的に空色を変化させるさまに、ありがとう以外の言葉は何も思い浮かばなかったものです。そして上空にすっかり顔を見せた太陽に向かって両手を挙げ「おはようございま〜す」と、それは元気な声を出して挨拶したものでした。

あ、そちらは東、日本はその向こう。みんなどうしているかしら、元気ですか？　そちらはもう昼過ぎ？　いつもパリは出遅れなんだからと思って一日が始まるのです。

明け方の曇り空がこんなに美しいものだと知ったのも、あのとき。

空の低い位置にかかる厚い雲の向こうに昇りはじめた太陽は、空色をあんなにもドラマチックな銀色に輝かせてくれるものなのですね。

はい、一高齢者の私の目には、自分もあのように美しいシルバーであれるといいなと、わが身に置き換えてみたくなるような、それは美しい夜明けだったのです。

あのときが冬ではなくて、春先から初夏にかけてであったことは天の恵みだったのでしょう。愛らしい声でまだ暗いうちから鳥がさえずり、晴れでも曇りでも、毎日確実に美しい朝が訪れることにどれだけ慰められたことか。

コロナ渦中、ロックダウンされたフランスの首都パリ。外に出れば家から1キロ、1時間以内に規制された範囲内を、私は街路樹の足元に目を落とし、雑草の花をさがして歩いたものでした。誰もいないレストランの店先のプランターに花が元気に咲いているのを見つけて、私が花泥棒になっても今なら許されるのかしらと思ってみたり。

というのも、都市封鎖と聞いてパリジャンがとっさに買い集めたものは、日本と同じように紙製品やパスタ。それに意外にもポテトチップスの棚もすぐにスカスカに。でもそれも数日間のことで裏にはたくさんあるとわかって皆ひと安心。そこではじめて誰もが気づいたのです。そうだ、花屋が閉まっている……、家に飾る花を買えなくなっていることに。

静まり返った真っ暗な店内を、ウィンドーにおデコをつけるようにして覗き込むのは私ばかりではありません。しばらくして、営業許可が下りたスーパーの店頭で花を売りはじめたら、女性ばかりか、おじいさん、おじさん、お兄さんも、「ほほう、花を売っている」と嬉しそうに足を止めてゆくのでした。

そんなあのときがあって、いよいよロックダウンが明け、朝市が再開した時の喜びといったらどうでしょう！　マルシェ入り口の雑貨屋の店先にぶら下がる、怪しげな布マスクを目に少し進むと、そこには季節の恵みが香り立ち、いつもの農家の屋台に山と積まれたハーブに胸が躍るのでした。あぁ、サクランボの季節だ、アプリコットも出ている！　何があろうと、パリにはいつものように鮮やかに、美しい季節が巡って来ていたのでした。仕事柄、のんびり買い物することができない性分。いつもなら忙しなくせかせかとマルシェを歩き回る私が、こんなにゆっくりと買い物を楽しめるなんて、料理家人生始まって以来のことだったでしょう。そして、こんなに自由な気持ちで料理することを楽しめたのも。

最初は肩の凝らない美味しい話やパリ暮らしを綴る本になるはずが、思わぬ状況下、好むと好まざるとにかかわらず缶詰めになったあのとき。粛々と執筆に集中しながらも、あちこち揺蕩《たゆた》うような時間旅行を楽しみ、回想に浸り、色あいも味わいも違う6つの章に自然と分かれてゆきました。ここにたどり着けたのも、いつもなら見過ごしていた明け方の空を見つめ、足元の雑草の花に目を落として暮らした、あのときがあったからでしょう。

ロックダウン解禁で行動範囲が遠路まで可能になったある日、何かに導かれるように思い切って出かけた先で目にしたコクリコと青空、白い雲。そして、そこで出会った一枚のタブローは、パリの向こうに広がる美しいフランスの田園風景を私に思い起こさせ、そのご縁で本書のカバーが生まれたのでした。

料理をするささやかな幸福と共にあるパリの暮らし。今、目の前にあるひと皿のスープに満たされているのは、日々の暮らしの時間、そしてそのレシピは私自身でもあるのでしょう。そんな私のフランス物語を、このような形でお届けできる機会に恵まれたことへの感謝と、再び世界に安らぎが訪れる日を祈って、明日への夜明けを迎えます。

皆様、ありがとうございました。

2020年9月　　上野万梨子

上野万梨子　うえの まりこ

東京生まれ。学生時代より料理研究家の飯田深雪氏に師事。料理家を志し、パリに留学する。1976年、ル・コルドン・ブルー・パリ校を卒業。77年東京の実家でフランス料理教室「ラ・ヌーベル・イマージュ」を主宰。それまでのフレンチの重厚なイメージを一変させ、軽やかに家庭でフレンチを楽しむ時代への新しい流れをつくった。基本に支えられた自由な発想、シンプルかつ繊細なレシピが人気を博し、雑誌・TVなど多くのメディアで活躍。91年、パリ左岸に活動の拠点を移す。以来、日本とフランス、二つの国をつなぐ、食と生活文化の橋渡し役として活動してきた。本書は30年目を迎えようとするフランス暮らしを改めて振り返る著者初の書き下ろし随筆となる。
http://uenomariko.com/
instagram@ueno.mariko.official

80年刊『いま、新しい食卓を―シンプルフランス料理』（文化出版局）を初著書として、料理書を多数刊行。翻訳・監修に『パリジャンのレシピ』（アレクサンドル・カマス著、文化出版局）など、またフランスでは『WA-fumi, à la rencontre des saveurs du Japon』（Flammarion）、『bouchées exotiques』（EpA）を出版している。『小さなフランス料理の本』（NHK出版）、『プチプチサラダ、つぶつぶタブレ』（誠文堂新光社）、近著に『アペロでパリをつまみ食い』（光文社）がある。

カバー絵画　濱田亨
写真　篠あゆみ（P.4、8、16、177、180、189、193、197、204）
　　　上野万梨子
装丁・本文デザイン　熊谷元宏（knvv）
DTP制作　株式会社 明昌堂
校正　株式会社 円水社
編集　川崎阿久里（世界文化社）

パリのしあわせスープ
私のフランス物語

発行日　2020年11月5日　初版第1刷発行

著者　上野万梨子
発行者　秋山和輝
発行　株式会社世界文化社
〒102-8187
東京都千代田区九段北4-2-29
電話　編集部　03（3262）5118
　　　販売部　03（3262）5115

印刷・製本　中央精版印刷株式会社


ISBN978-4-418-20310-9